忍耐的计算力 II

权甲龙 著
岳亮 译

书海出版社

图书在版编目（CIP）数据

忍耐的计算力Ⅱ/（韩）权甲龙著；岳亮译．—太原：书海出版社，2012.5（2014.9重印）
ISBN 978-7-80550-895-5

Ⅰ.①忍…　Ⅱ.①权…②岳…　Ⅲ.①死活棋(围棋)-基本知识　Ⅳ.①G 891.3

中国版本图书馆CIP数据核字（2012）第033127号

忍耐的计算力Ⅱ

著　　者：（韩）权甲龙
译　　者：岳　亮
策　　划：姚　军
责任编辑：梁晋华
助理编辑：张　洁
装帧设计：谢　成

出 版 者：山西出版传媒集团·书海出版社
地　　址：太原市建设南路21号
邮　　编：030012
发行营销：0351-4922220　4955996　4956039
　　　　　0351-4922127（传真）　4956038（邮购）
E-mail：sxskcb@163.com　发行部
　　　　sxskcb@126.com　总编室
网　　址：www.sxskcb.com

经 销 者：山西出版传媒集团·书海出版社
承 印 者：山西出版传媒集团·山西新华印业有限公司

开　　本：890mm×1240mm　1/32
印　　张：7
字　　数：250千字
印　　数：5 001-8 000册
版　　次：2012年5月第1版
印　　次：2014年9月第2次印刷
书　　号：ISBN 978-7-80550-895-5
定　　价：15.00元

如有印装质量问题请与本社联系调换

1. 念头宽厚　/1

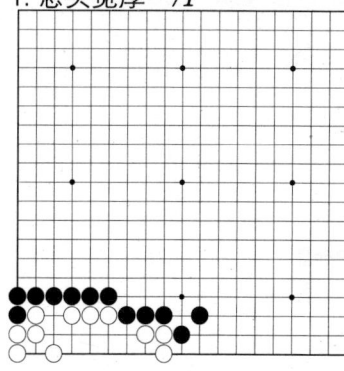

2. 得鱼忘筌　/5

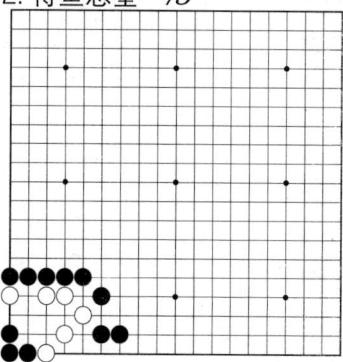

3. 心中冰炭　/11

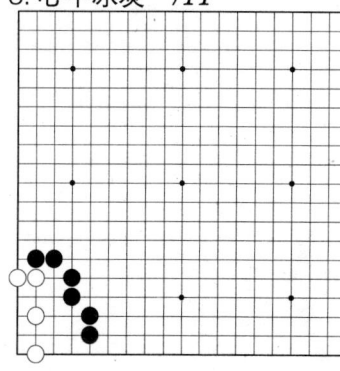

4. 逆境砥砺　/15

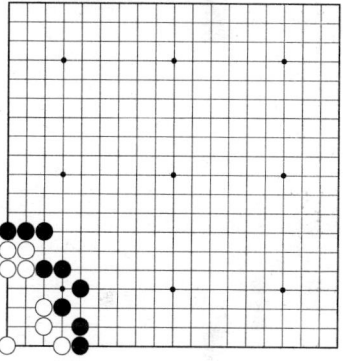

5. 鹰虎之势　/19

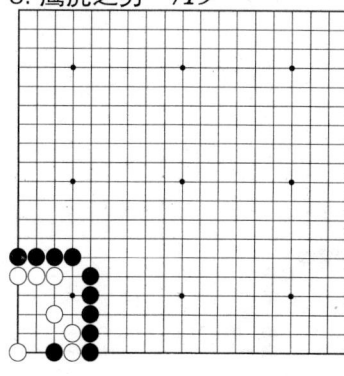

6. 荣辱炎凉　/25

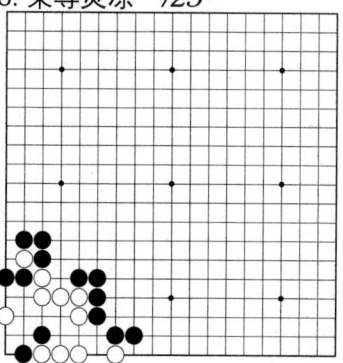

7. 盈满危急　/29

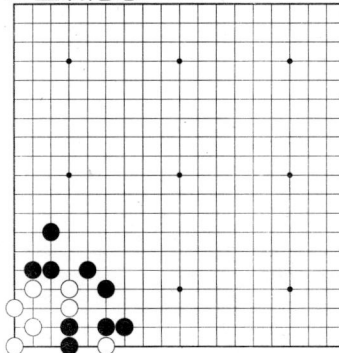

8. 自性真如　/33

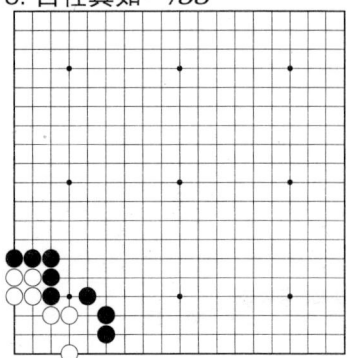

9. 物极必反　/37

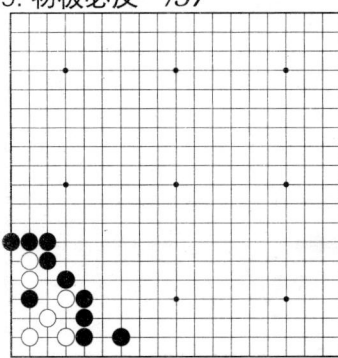

10. 不争之胜　/41

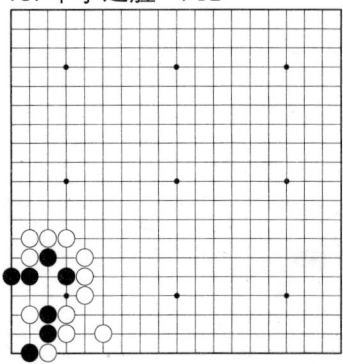

11. 宽窄之路　/45

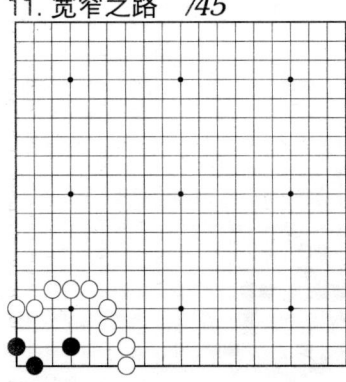

12. 明从晦生　/49

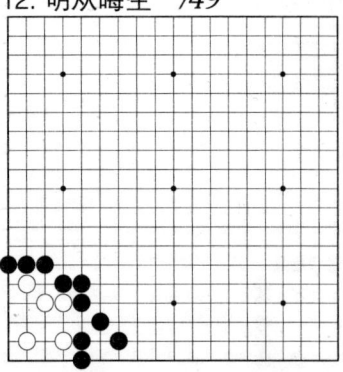

13. 静听闲观　/55

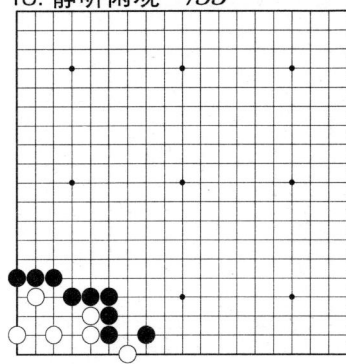

14. 以德御才　/61

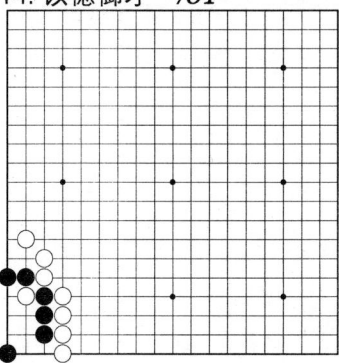

15. 收放身心　/65

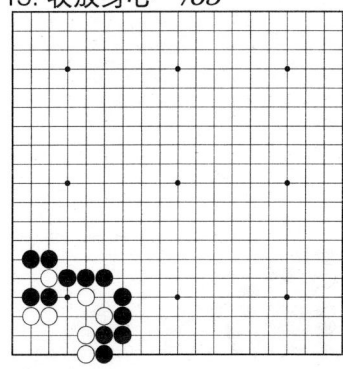

16. 天真之味　/71

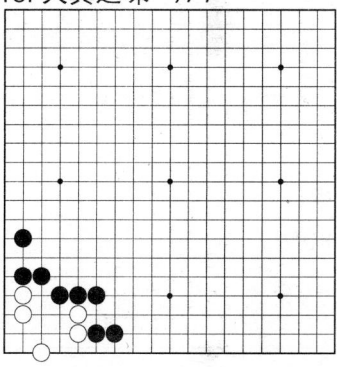

17. 百忍图成　/75

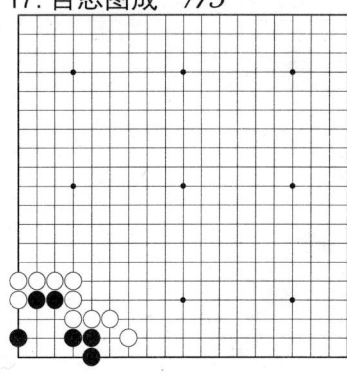

18. 慎持盈满　/79

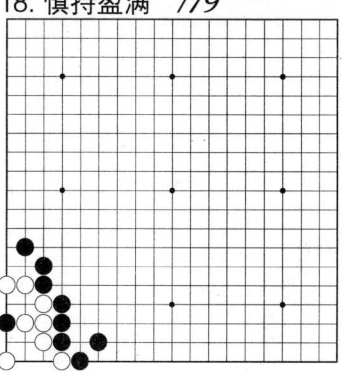

19. 知巧不用 /83

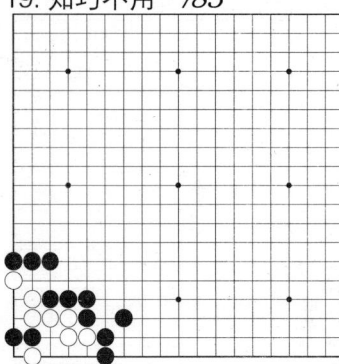

20. 温心 /87

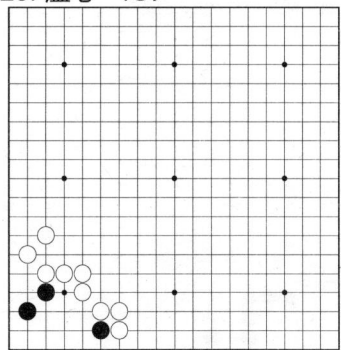

21. 平和 /91

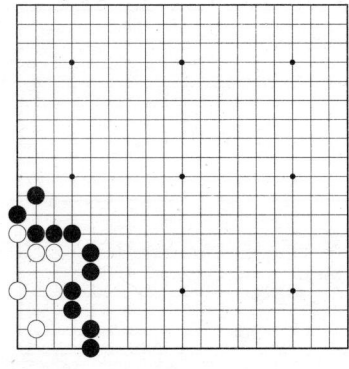

22. 独醒 /95

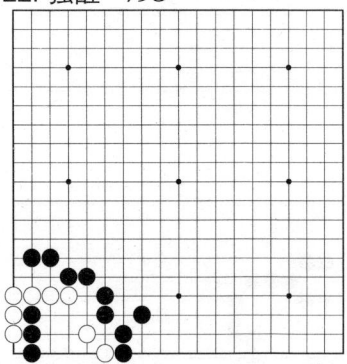

23. 过而不留 /99

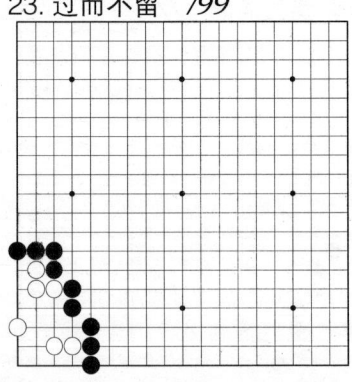

24. 弃妄现真 /103

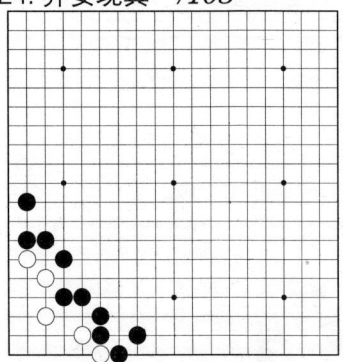

25. 舍己施人　/107

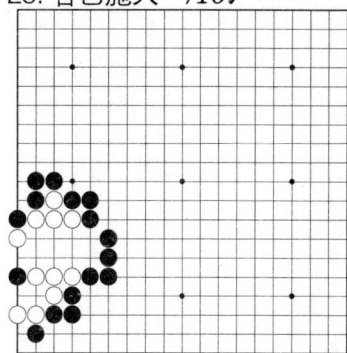

特色问题1　/111

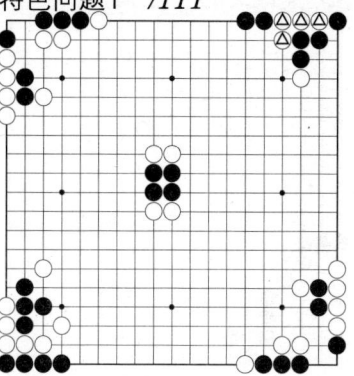

26. 浑噩澹泊　/116

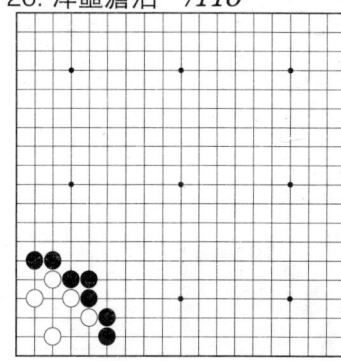

27. 坚守之道　/120

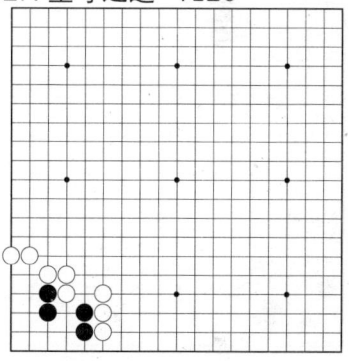

28. 智巧勿恃　/124

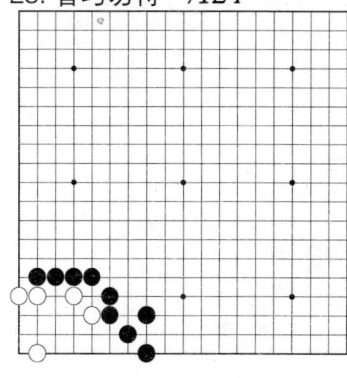

29. 天理人欲　/130

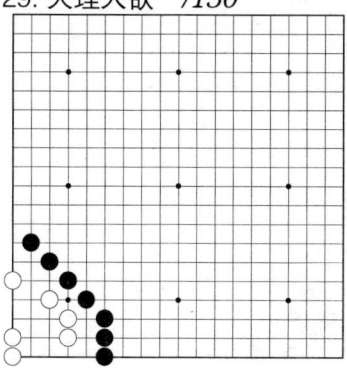

30. 天地人心　*/134*

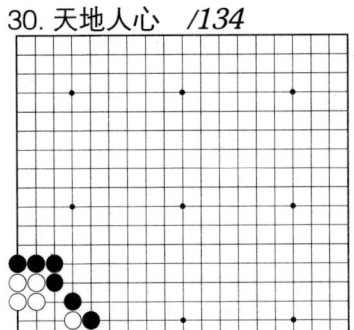

31. 偏见害心　*/138*

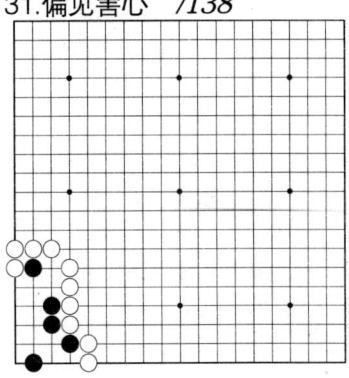

32. 大巧无术　*/142*

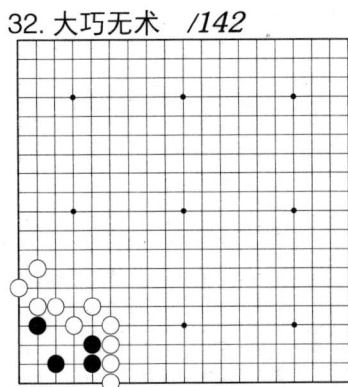

33. 福祸之道　*/146*

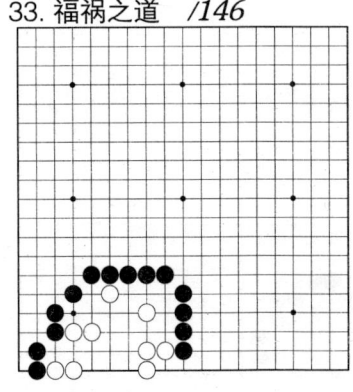

34. 伏久飞高　*/150*

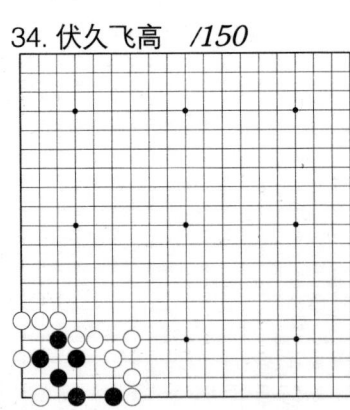

35. 平心少事　*/154*

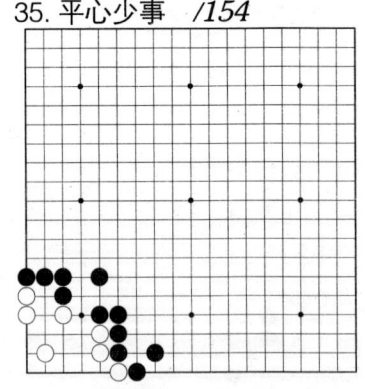

36. 居卑处晦　/160

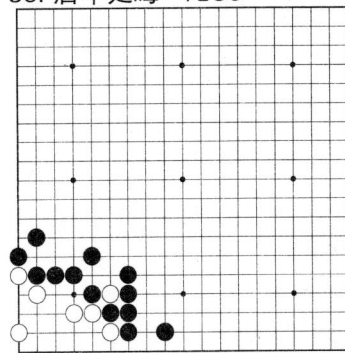

37. 抱朴守拙　/164

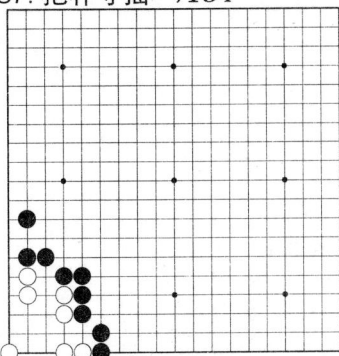

38. 观心证道　/168

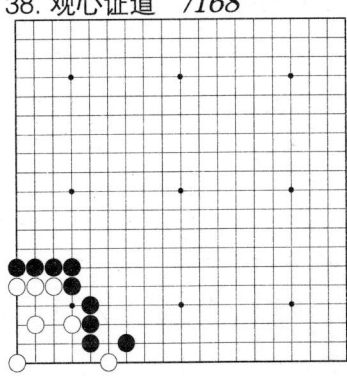

39. 俭与拙　/172

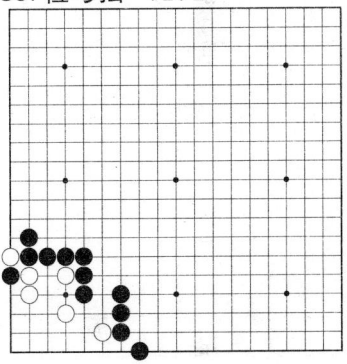

40. 冷与热　/178

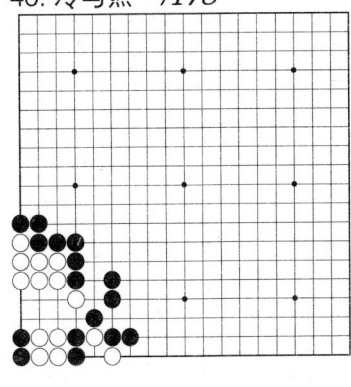

41. 脱凡入圣　/182

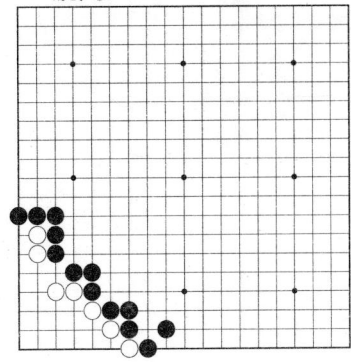

42. 功与德 /188

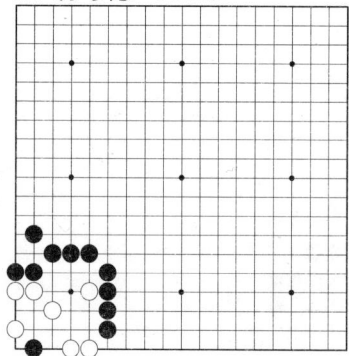

43. 交友作人 /192

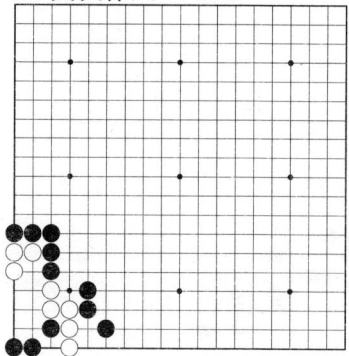

44. 富贵知贫 /198

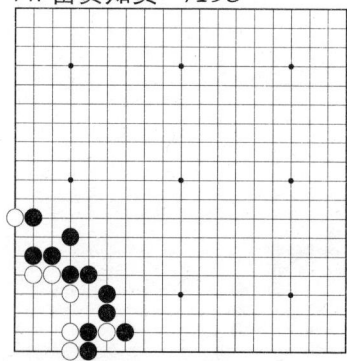

45. 养德远害 /202

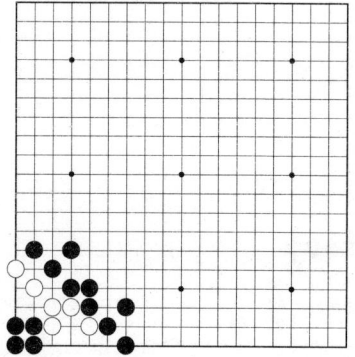

特色问题2 /208

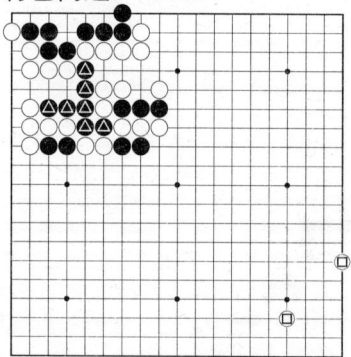

1. 念头宽厚（黑先）

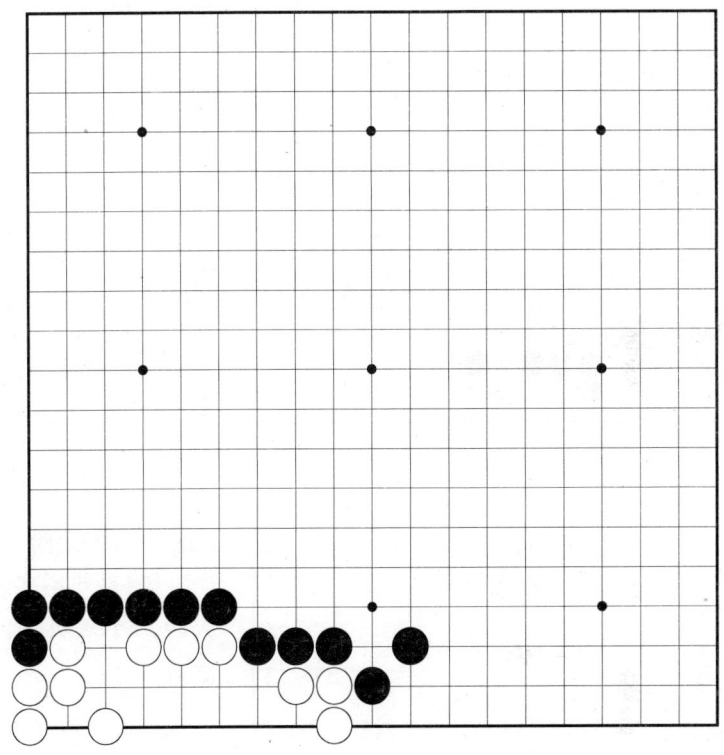

　　念头宽厚的，如春风照育，万物遭之而生；念头忌刻的，如朔雪阴凝，万物遭之而死。

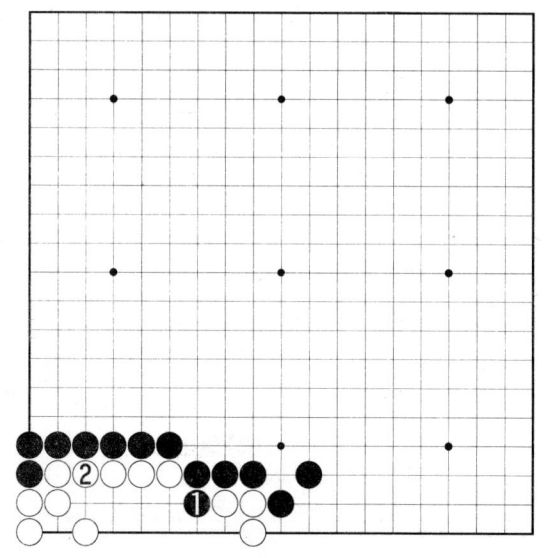

1图 陷阱

黑1掉入了白的陷阱，白2粘上后已经活了。

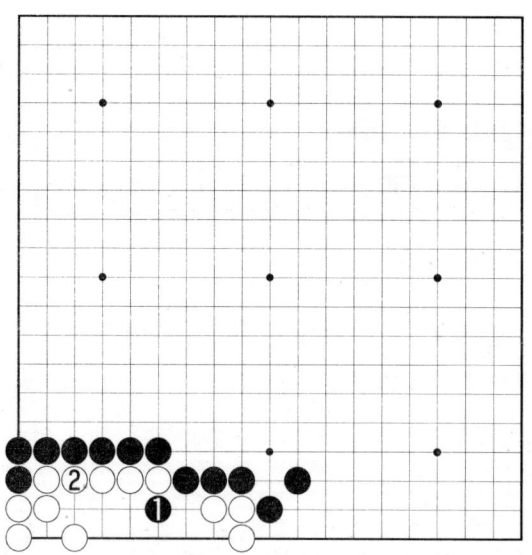

2图 一样的陷阱

黑1是差不多的失误，白2是死活的急所。

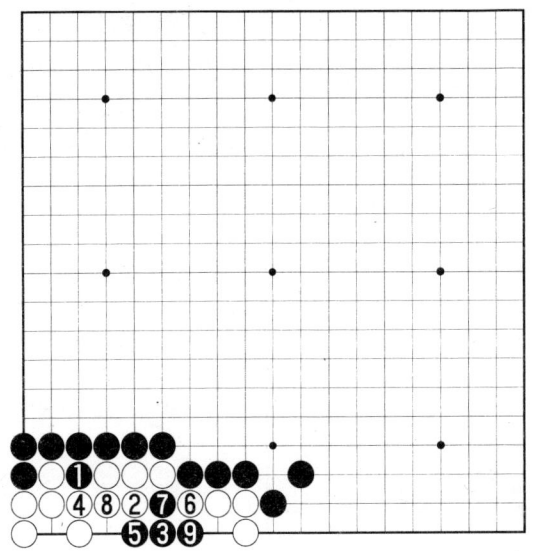

3图 正解

黑1先冲是急所,即使白有弹力地于2位弯,黑也有3的妙手,白4、6努力地做活,但黑9拐后,白两边不入气而死。

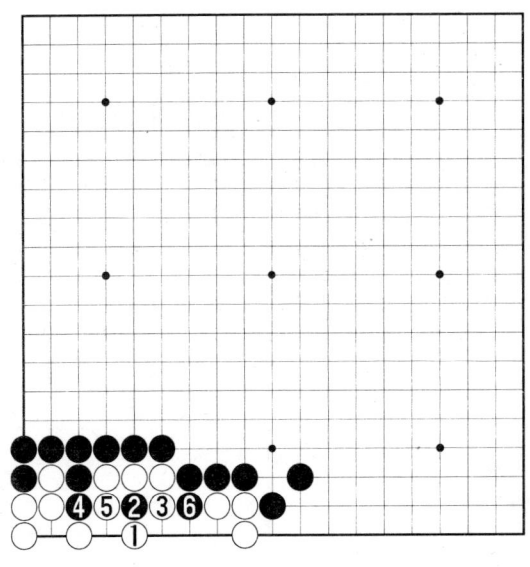

4图 变化

白1跳抵抗,顽强。但黑2挖,妙手。白3挡后,黑4、6,白已无活路。

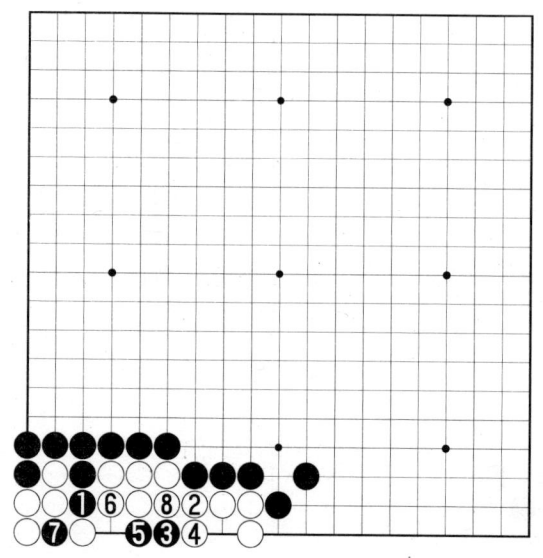

5图 性急的黑

黑1是性急的失误，白2挡后有8位单粘的手段，白已净活。

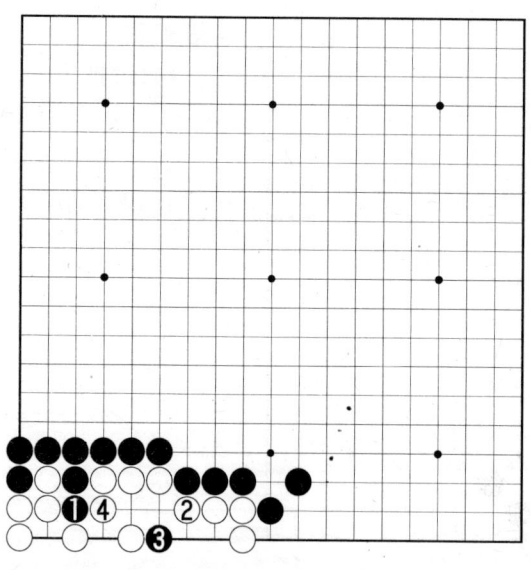

6图 黑的失误

黑1失手，白2时黑即使有3靠的手段，但白4挡即可做活。

2. 得鱼忘筌（黑先）

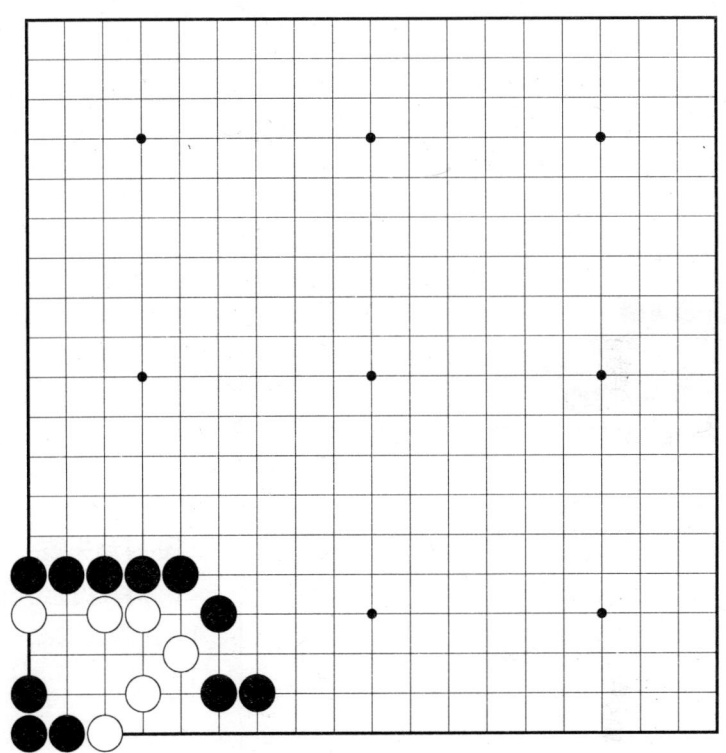

善读书者，要读到手舞足蹈处，方不落荃蹄；善观物物者，要观到心融神洽时，方不泥迹象。

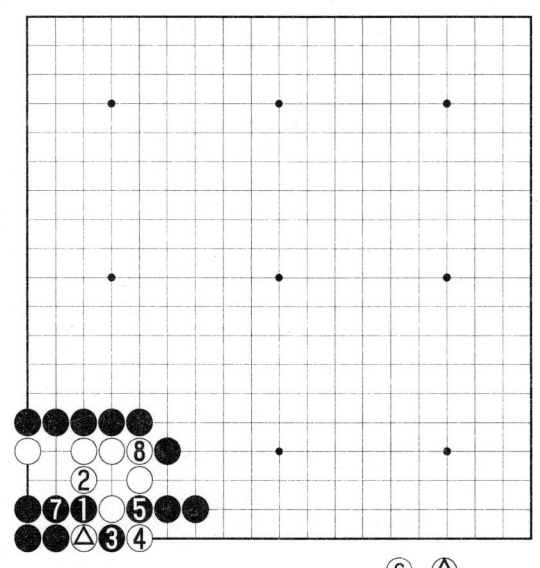

1图 要保留的打吃

黑1单纯地打吃看起来是急所，但白准备了2位的反打，黑3提的时候白4至8是预想的手段，之后……

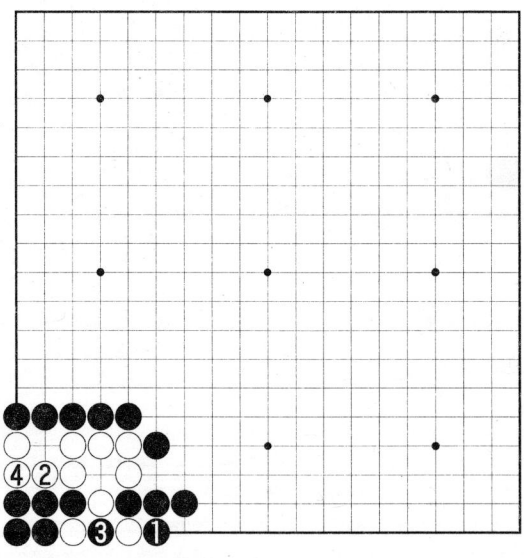

2图 打劫失败

黑1反打，白2、4后，黑失败。

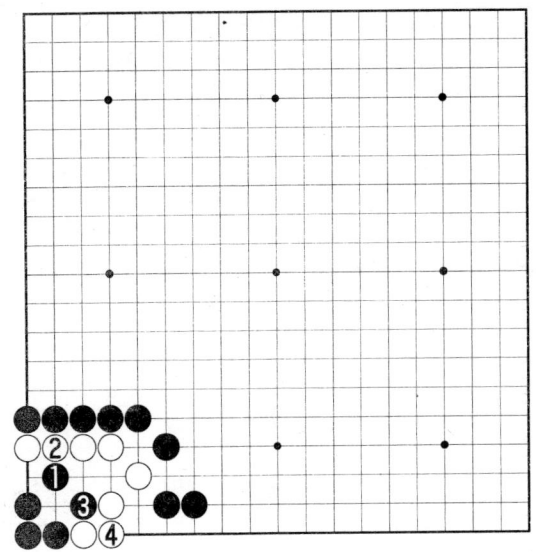

3图 失败

黑1点后3打,准备做成梅花六,但白4粘后黑什么手段都没有。

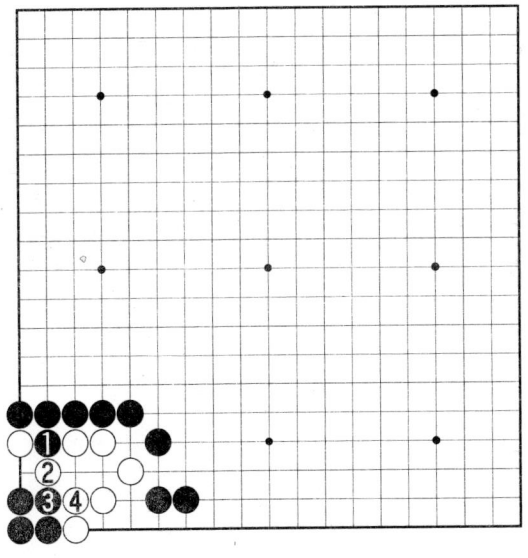

4图 正解

黑1冲绝妙,白2挡必然。接下来的黑3团是妙手。白4打后……

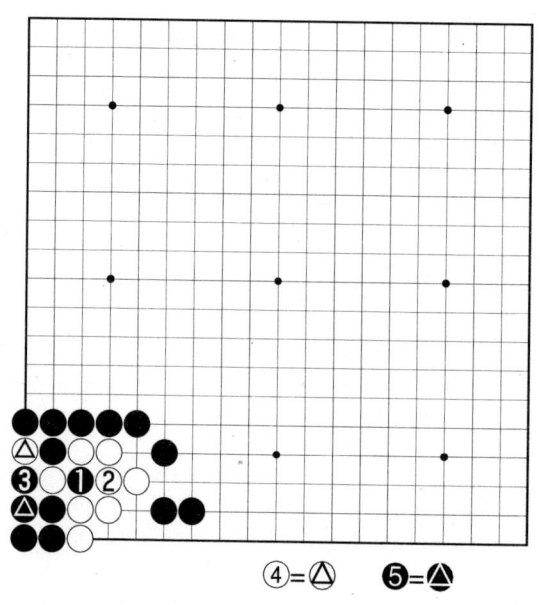

④=△ ⑤=△

5图 接上图

黑1扑绝妙！白2提后虽然看起来像活的，但黑3后，5点的手段正等着，白无力生还。

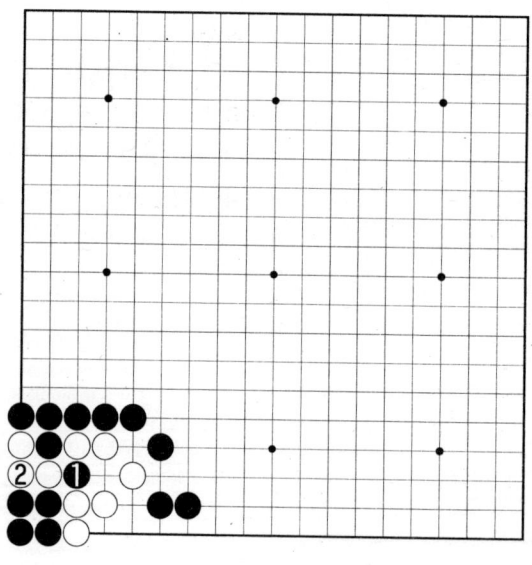

6图 手顺变换无用

黑1扑时，白2提的话……

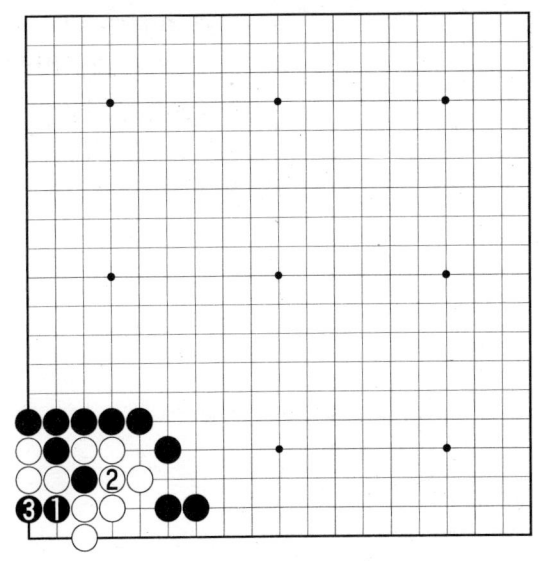

7图 还是死

黑1、3正等着，白显然已净死。

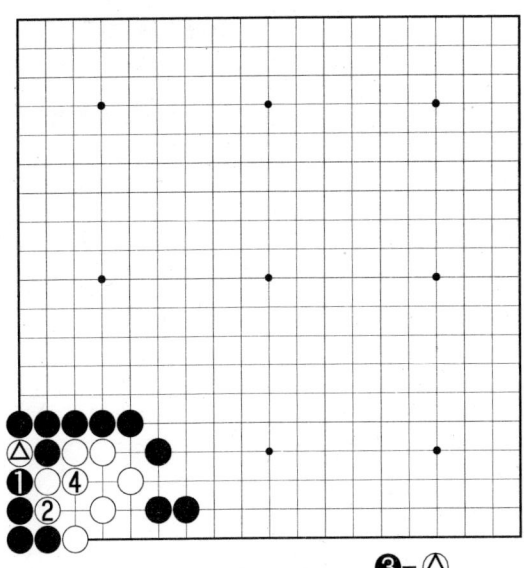

8图 黑的失手Ⅰ

黑1提的话，白2后4粘，简单成活了。

❸=△

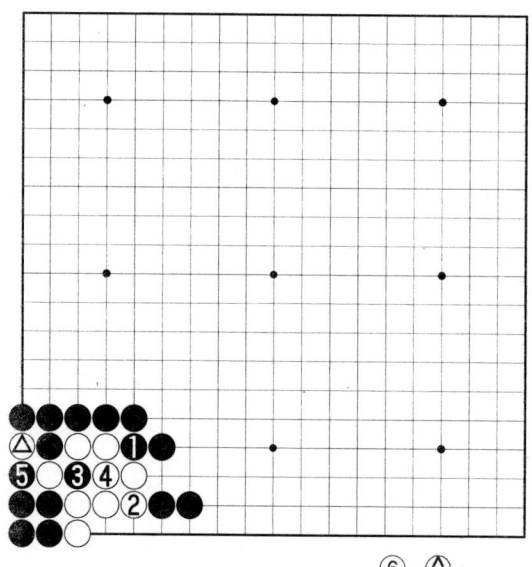

9图 黑的失手Ⅱ

黑1挤的话则白2位应，黑3再扑，5提时，白6也提，接下来……

⑥=△

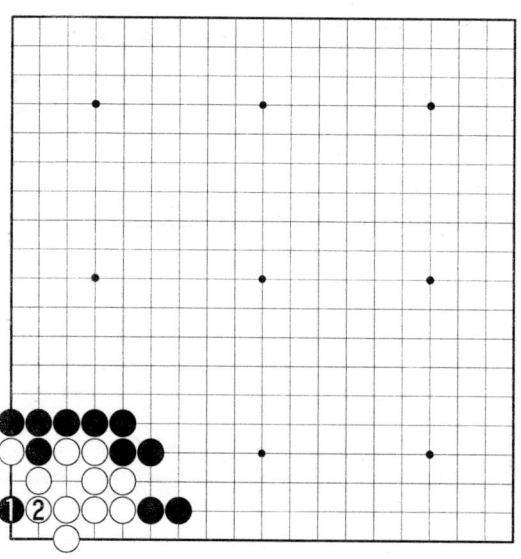

10图 接上图

黑1点，白2团后，黑明显失败。

3. 心中冰炭（黑先）

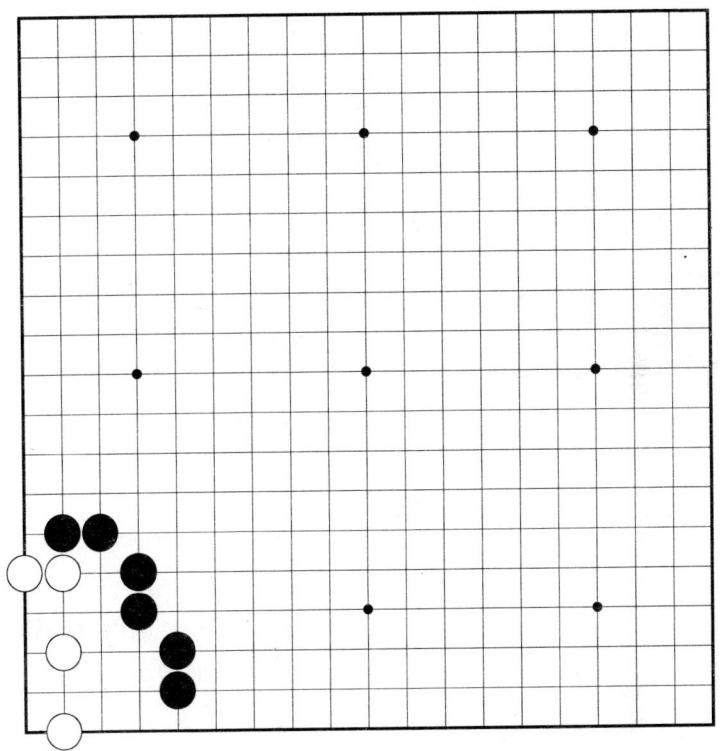

　　天运之寒暑，易避；人世之炎凉，难除。人世之炎凉，易除；吾心之冰炭，难去。去得此中之冰炭，则满腔皆和气，自随地有春风矣。

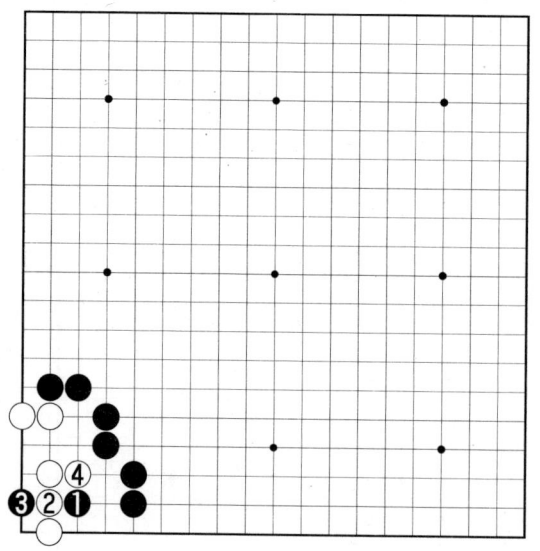

1图 外面不行

黑如果从外面灭眼的话,白2粘,黑3继续走下去,白4拐后无应手。

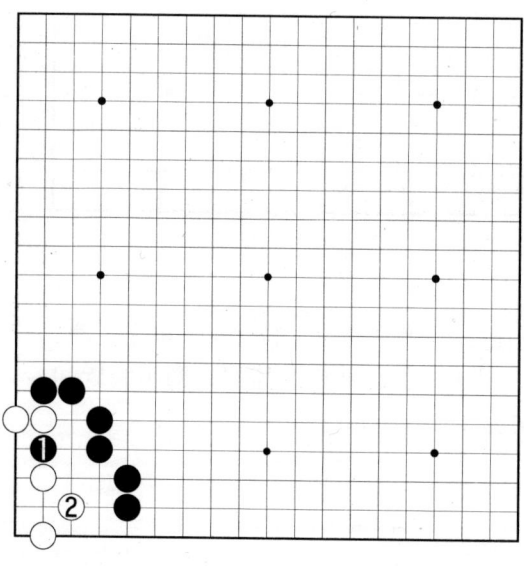

2图 挖也不行

黑1如冷静地挖,则白2摆出好形而做活。

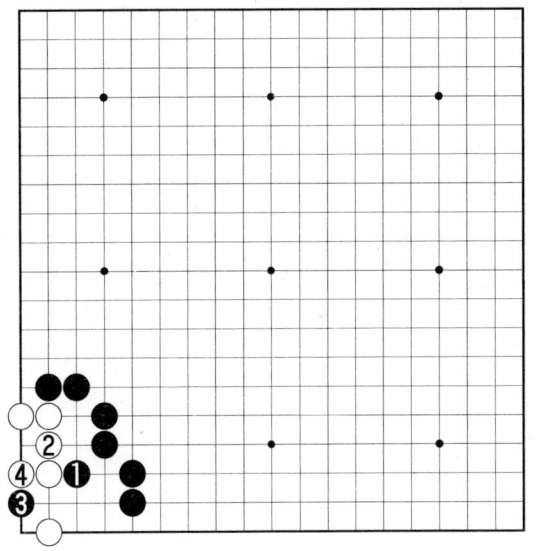

3图 仍然失败

黑1碰,白2冷静应对,黑3点,白4挡后黑什么手段都没有。

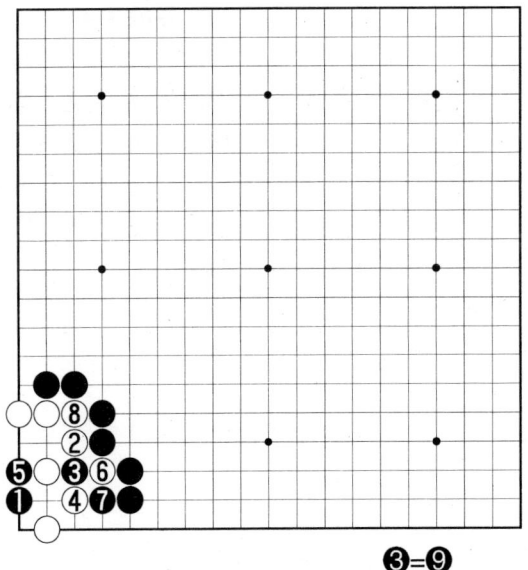

❸=❾

4图 正解

就如棋谚说的"二·一路多妙手",黑1点是急所,白2虎顶的话,黑3挤是好手,白4打至黑9成劫是必然。

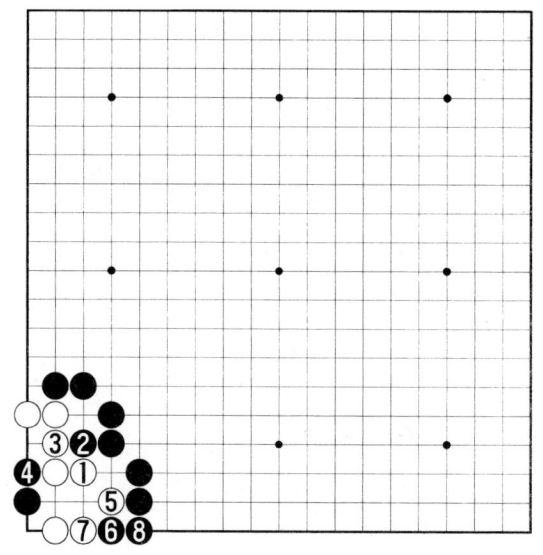

5图 白的抵抗

白1稍微交换一下次序的话,则黑2冲后4爬。白5还想做眼的话,黑有6、8扳粘的手段,白还是不行。

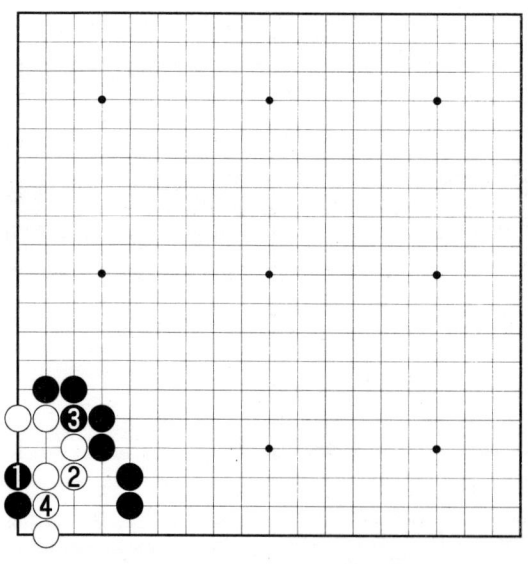

6图 黑的失手

黑1失手,白2团,黑3挤的话,白4粘上后形成见合。

4. 逆境砥砺（黑先）

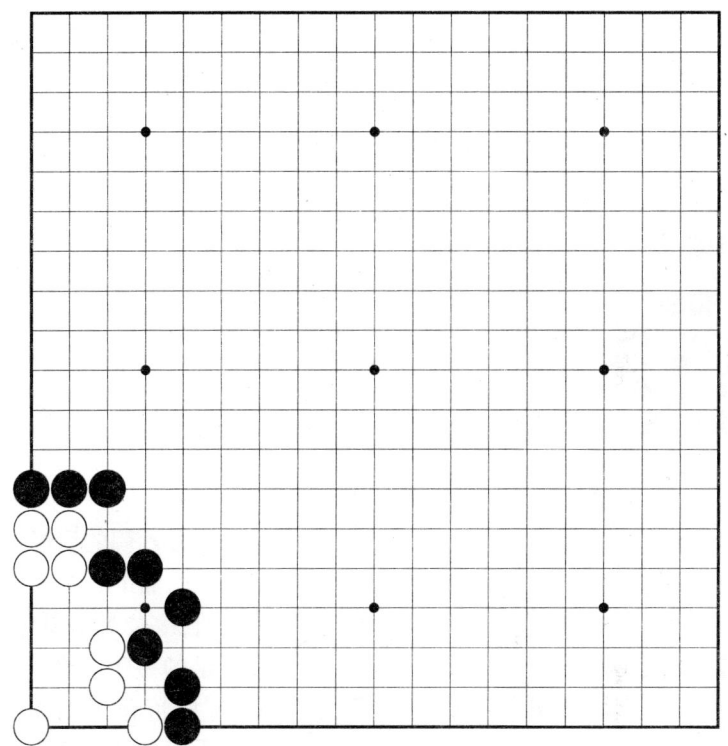

　　居逆境中，周身皆针砭药石，砥节砺行而不觉；处顺境中，眼前尽兵刃戈矛，销膏靡骨而不知。

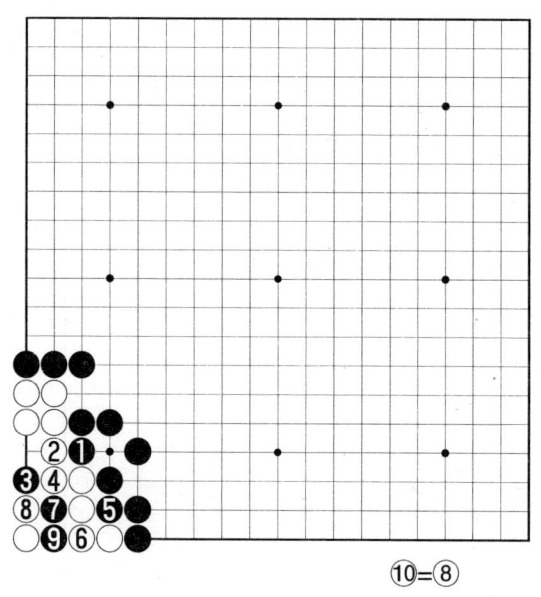

⑩=⑧

1图 白"扑"的手段

黑1直接缩小眼位的话，白2挡，黑3至7缩小眼位后则白有8位扑的手段，黑9提后，白10在等待着。

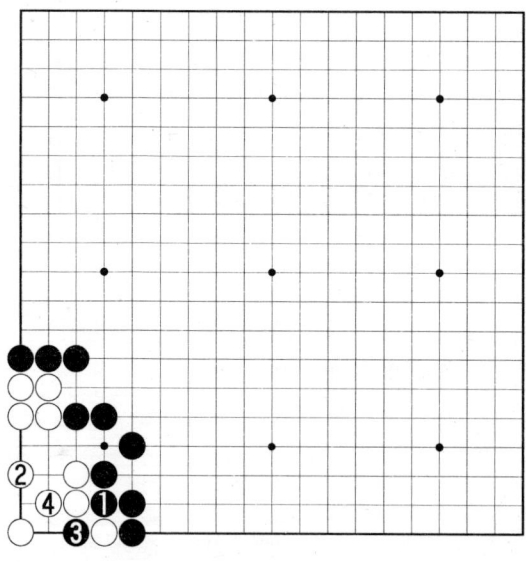

2图 冷静的后退

黑1从另一边打，白2跳是弹性十足的一手。黑3提，白4冷静地退是好手，白已然净活。

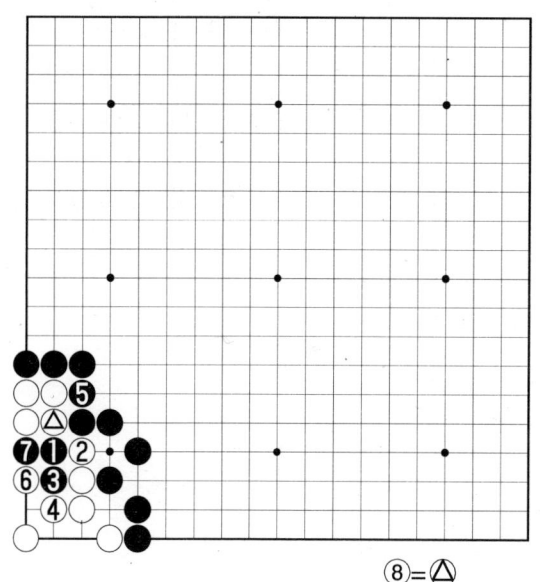

3图 断吃

黑1扳后至黑7吃住白子,但白8断吃后做活。

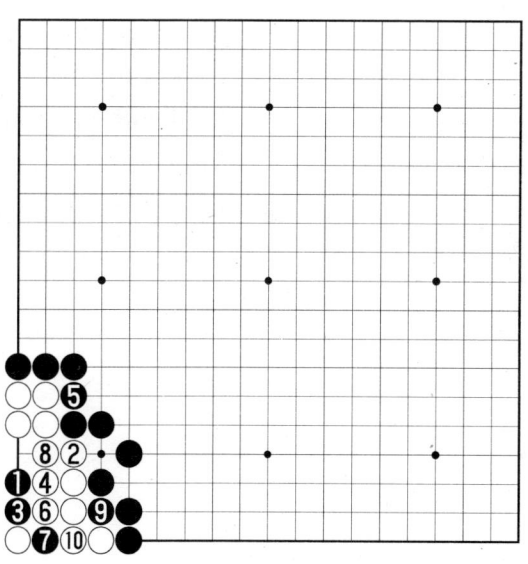

4图 打劫失败

黑1点也是不行的,白2顶是好手,黑3至9追击也因白10做劫而失败。

17

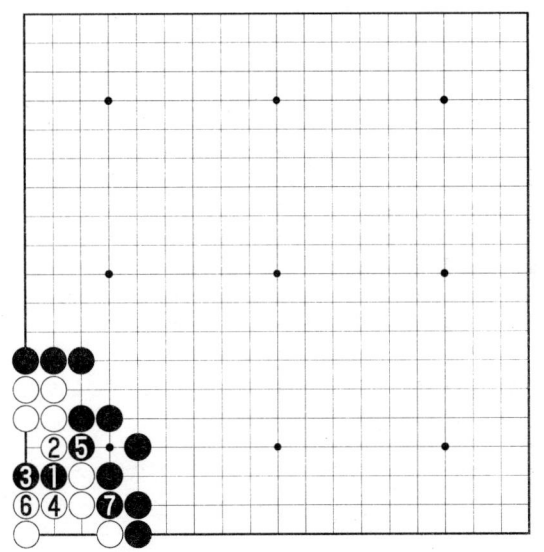

5图 正解

黑1靠是急所，白2顶的话，黑3沉着地立是好手，白4至7形成接不归，白已无活路。

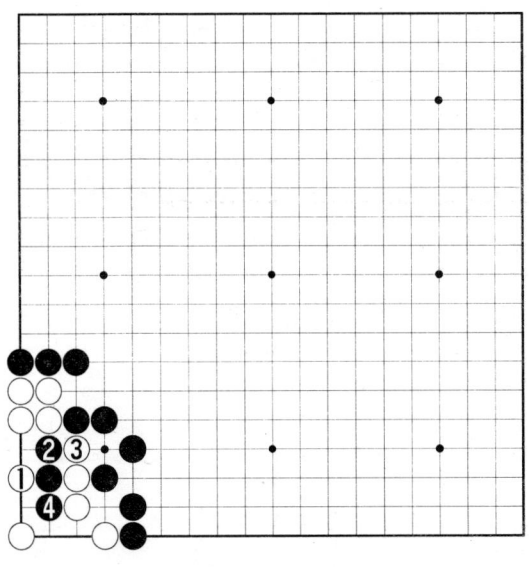

6图 变化

白1托，则黑2顶后4冲即可，白无法做活。

5. 鹰虎之势（黑先）

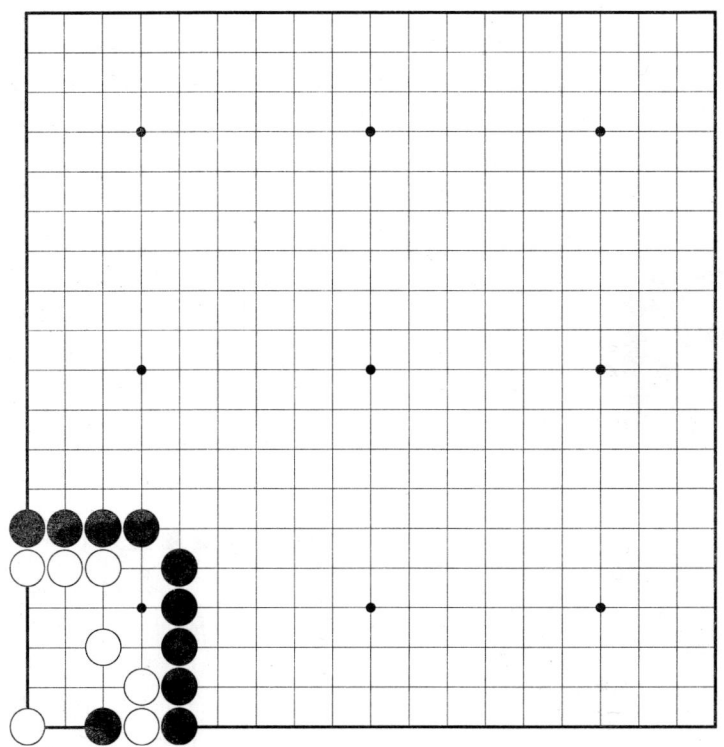

　　鹰立如睡，虎行似病，正是它攫人噬人手段处。故君子要聪明不露，才华不逞，才有肩鸿任钜的力量。

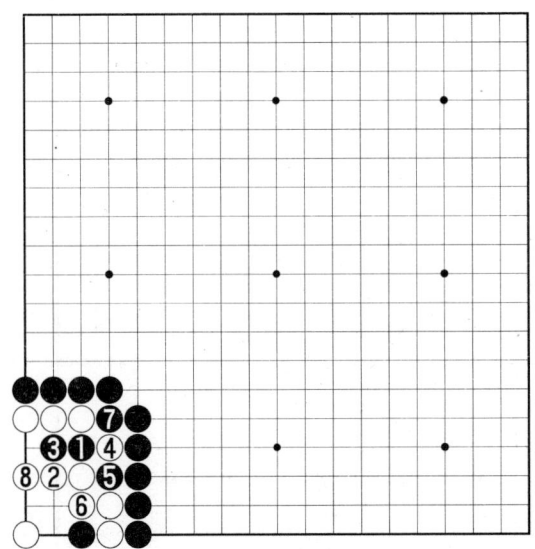

1图 穿入

黑1挖性急,白2退沉着抵抗,黑3穿入的话,白6先手后8立便成活了。

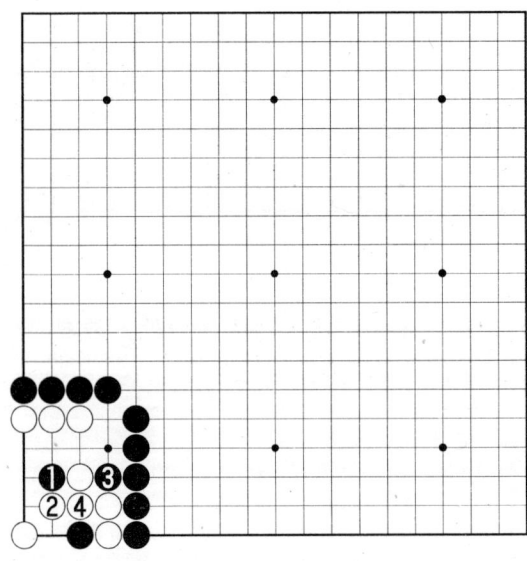

2图 黑无下一手

黑1托,显示才能的一手,白2弹性十足的一步,黑3吃的话,白4粘后黑即无下一手。

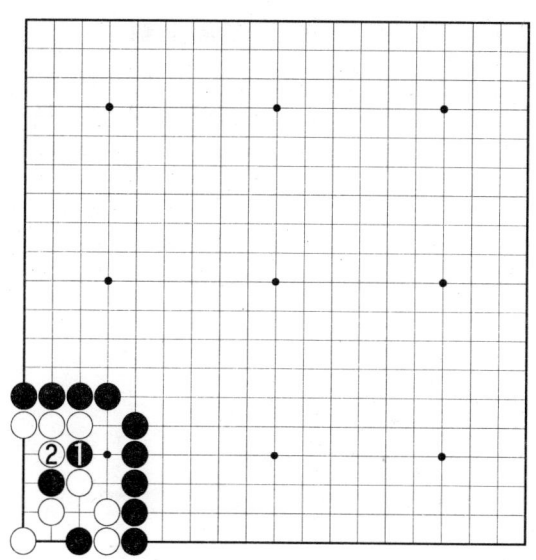

3图 还是失败

黑1变换一下顺序，白2吃后，黑还是失败。

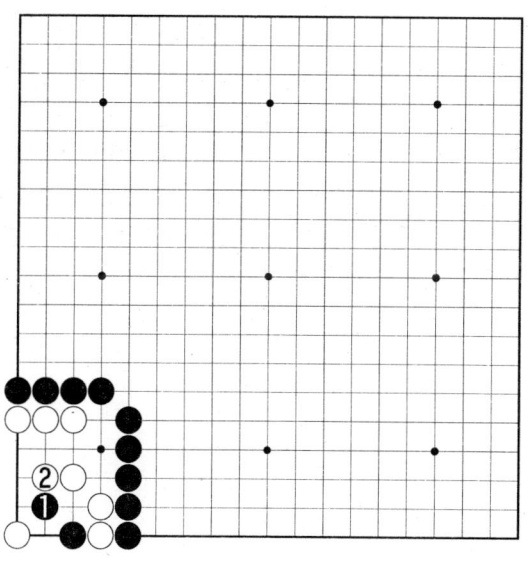

4图 无理

黑1尖虽有想法，却是无理手。白2挡的瞬间，黑已无下一手。

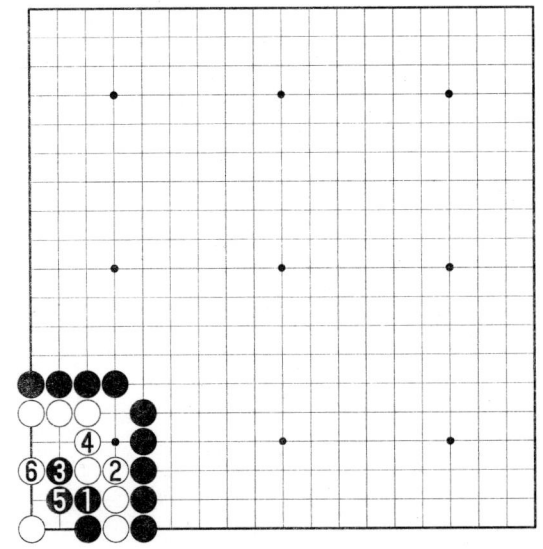

5图 正解

黑1、3打完扳,抓住要点。白4只有粘上,这时黑5粘是有力的一手,白6引诱黑形成打劫,但……

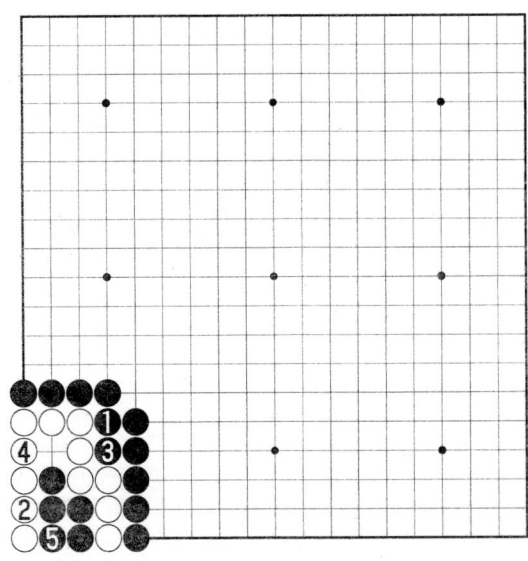

6图 不入气的妙味

黑于1位紧气,白2粘,则黑3再紧气,至黑5形成绝妙的"刀把五",白净死。

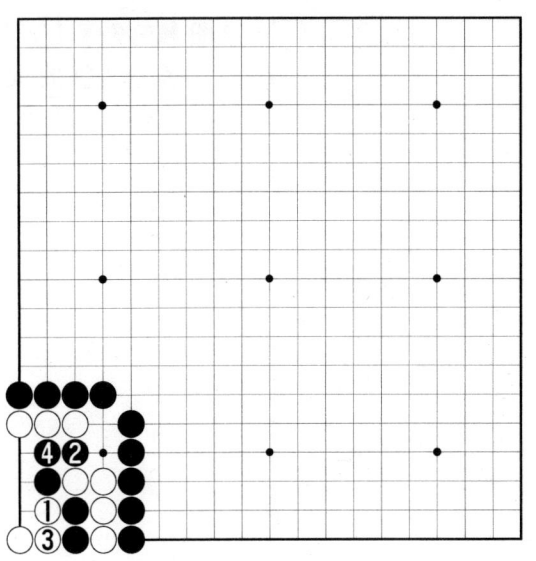

7图 白的抵抗

白1吃住两子，但黑2、4还是全歼白棋。

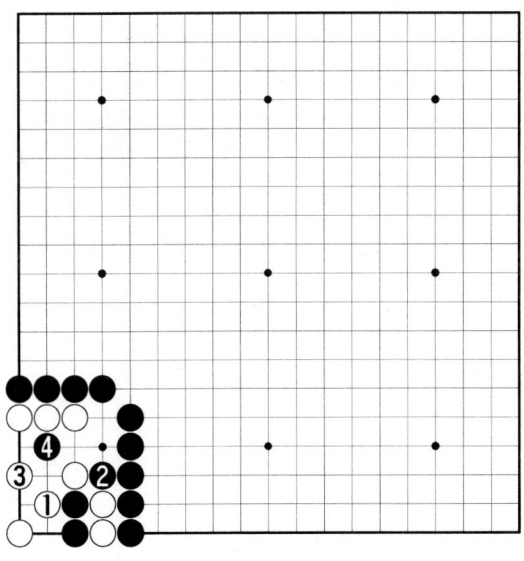

8图 变化

白1反打，则黑2吃后4点即可。

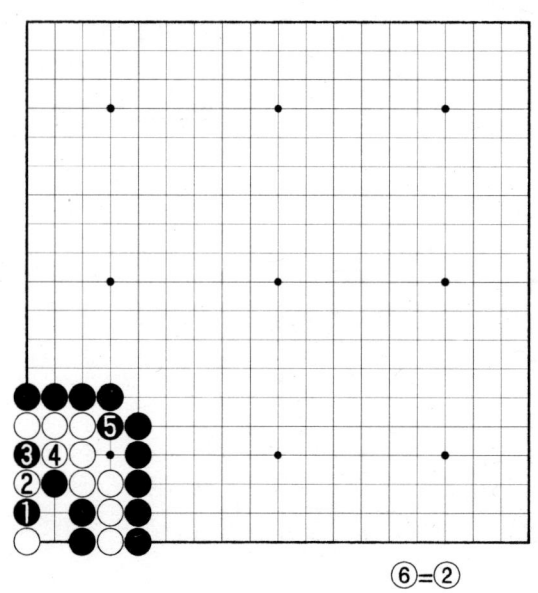

9图 黑的失手Ⅰ

黑1性急的失手。白2扑是好手，黑失败。

⑥=②

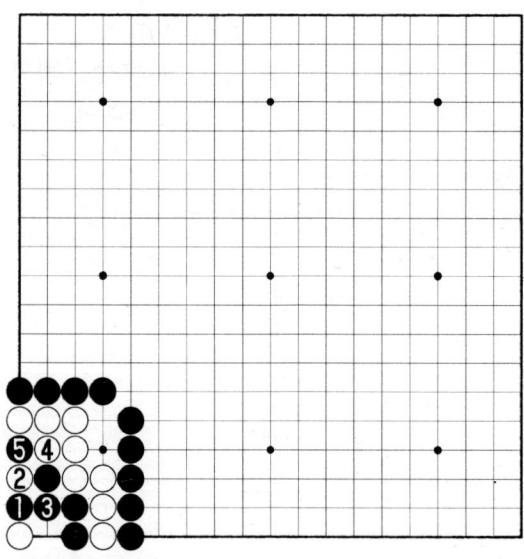

10图 黑的失手Ⅱ

黑1也是失误，白2顽强抵抗，黑若3位粘，则白4打成劫。

6. 荣辱炎凉（黑先）

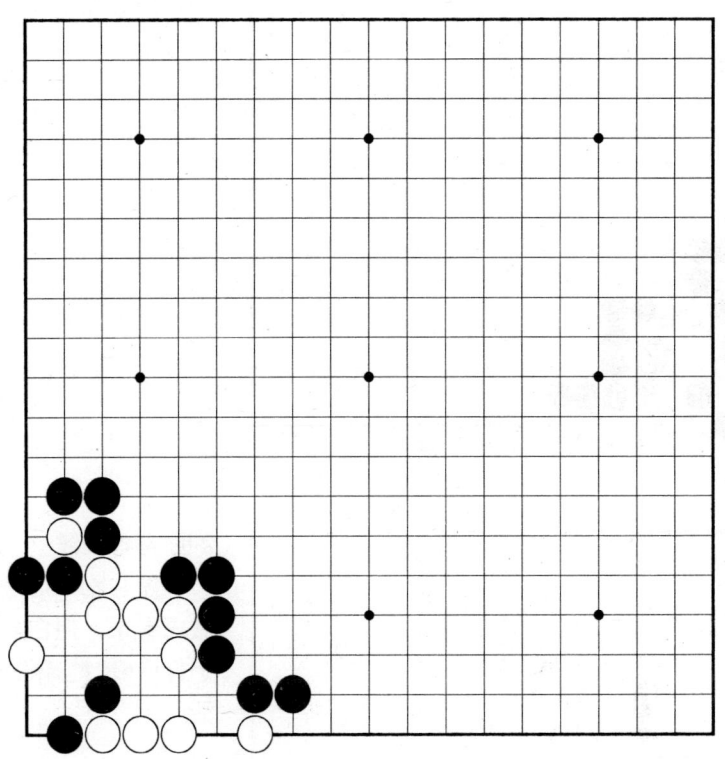

隐逸林中，无荣辱；道义路上，无炎凉。

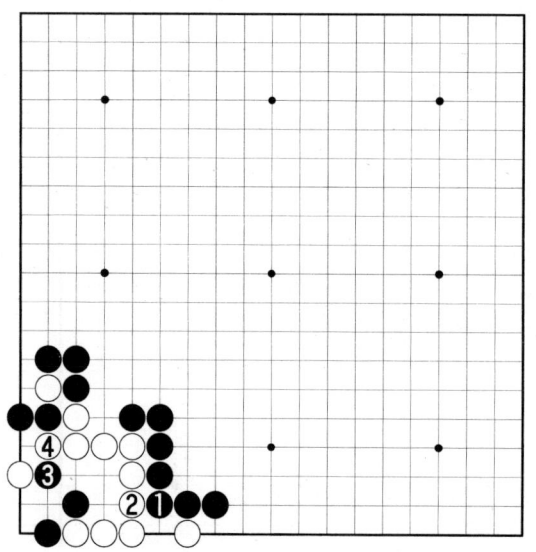

1图 舒适的白

黑1单粘,白2粘,黑已无下一手。

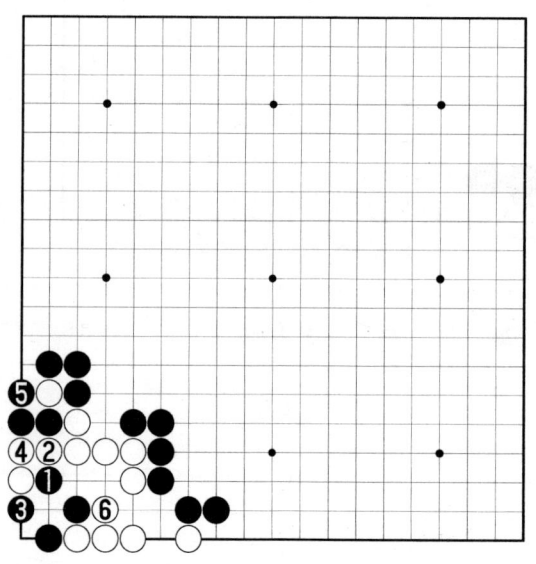

2图 考虑尚浅

黑1虎后3打想做成聚杀,但白4先手打后6位挡轻松成活。

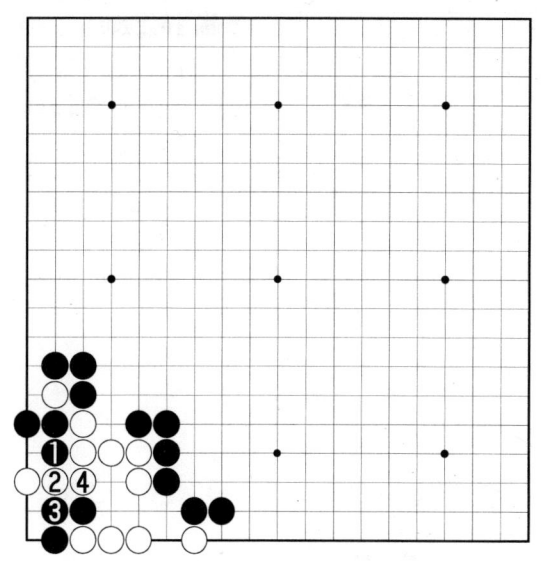

3图 奇怪的感觉

黑1冲后3粘是奇怪的感觉。白4舒服地做活了。

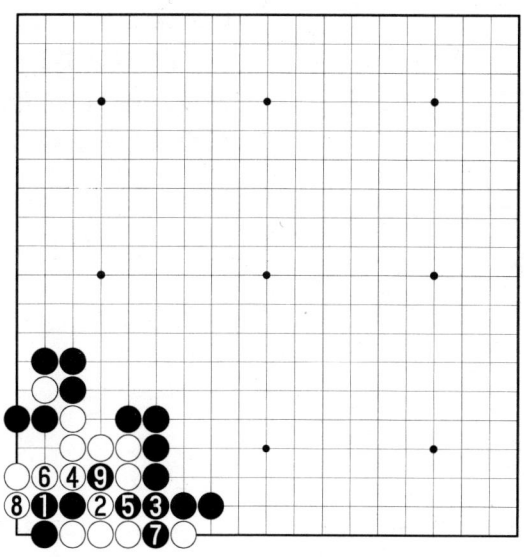

4图 正解

黑1粘是急所,白2挡虽是最强应手,但黑3以下是好手,接下来……

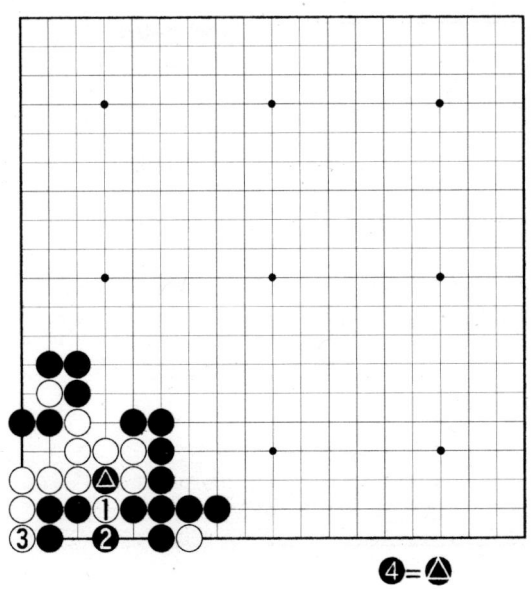

5图 接上图

白1提，黑2渡过，白3则黑4形成劫争是正解。

④=▲

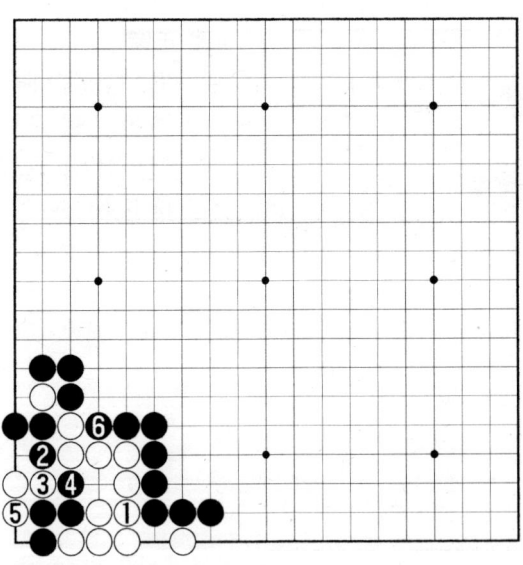

6图 变化

白1接，黑2、4冲断，6紧气后，白两边不入气被杀。

7. 盈满危急（黑先）

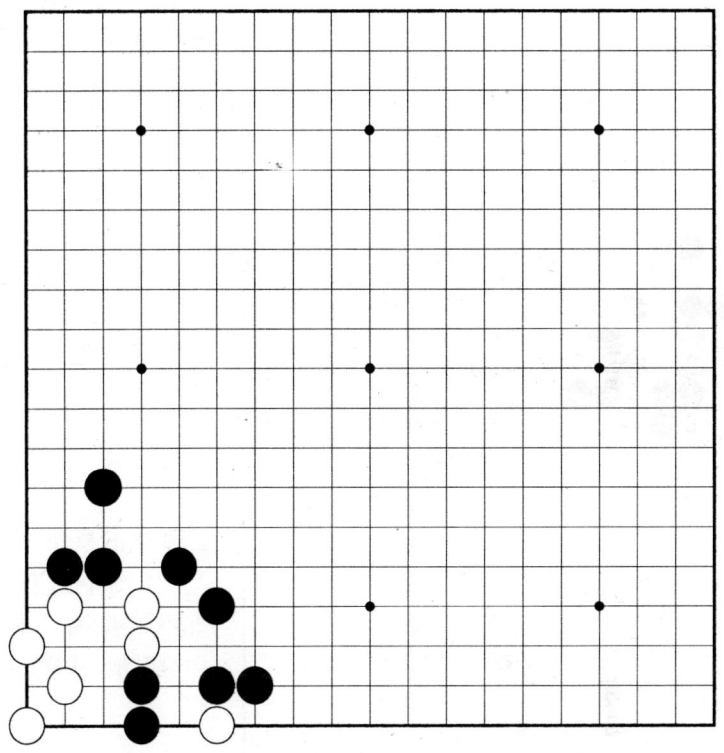

居盈满者，如水之将溢未溢，切忌再加一滴；处危急者，如木之将折未折，切忌再加一搦。

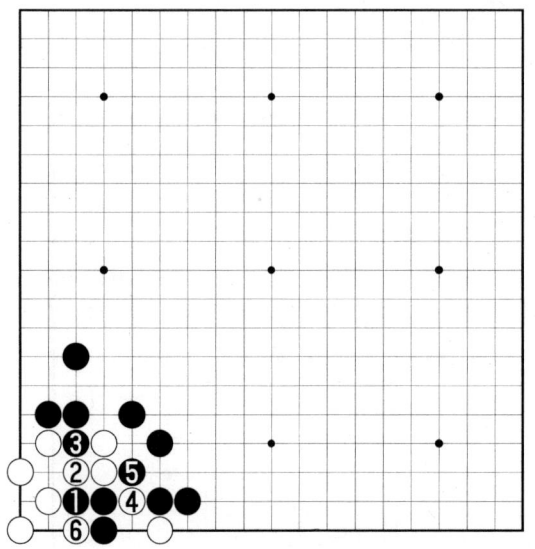

1图 愚形的顶

黑1弯，愚形。白2挡住，黑3破眼则白4挖后形成打劫，黑失败。

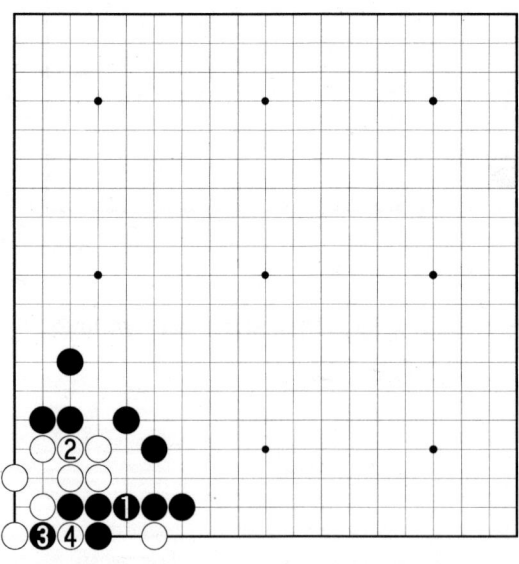

2图 依旧是劫

1图中的黑3若如本图黑1粘，则至白4成劫，失败。

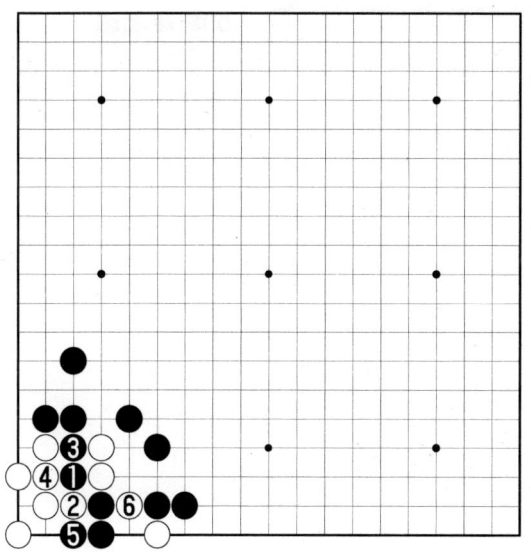

3图 正解

黑1扳是急所，白2、4应时，黑5拐是绝妙的一手，白6挖时看似黑不行，但……

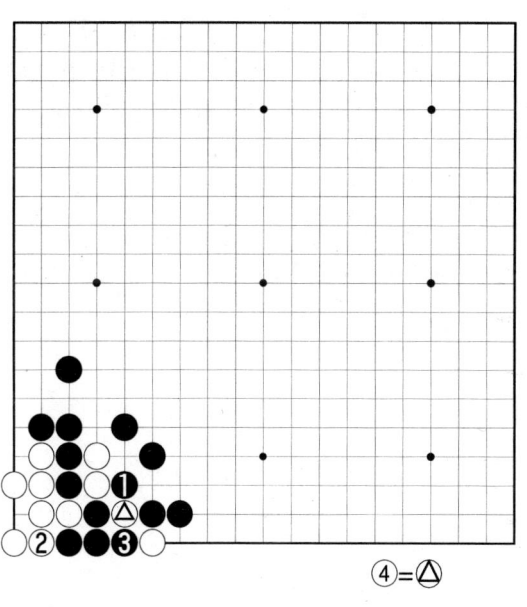

4图 接上图

黑1断，白2打时黑3提是次序，白4虽然爽快地提起……

④=△

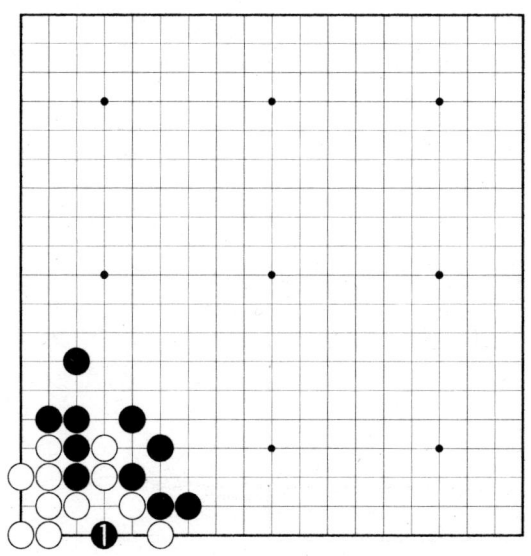

5图 接上图

黑1致命一击,白已无应手。

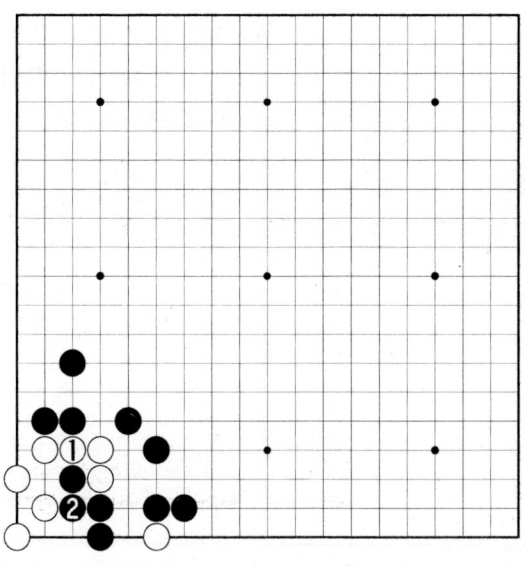

6图 白无力抵抗

白1粘上边抵抗,黑2后白无下一手。

8. 自性真如（黑先）

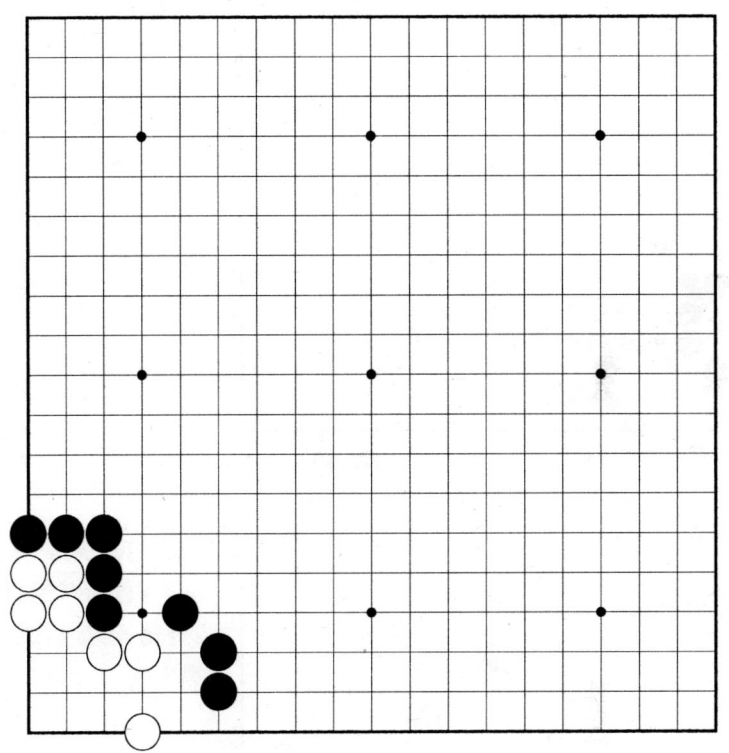

发落齿疏，任幻形之凋谢；鸟吟花笑，识自性之真如。

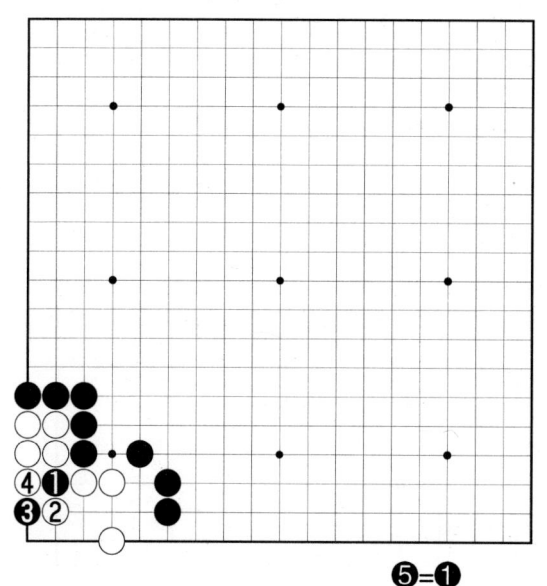

1图 幻觉之后

黑1吃住一小块后至5误以为能吃住白，但太贪心了。

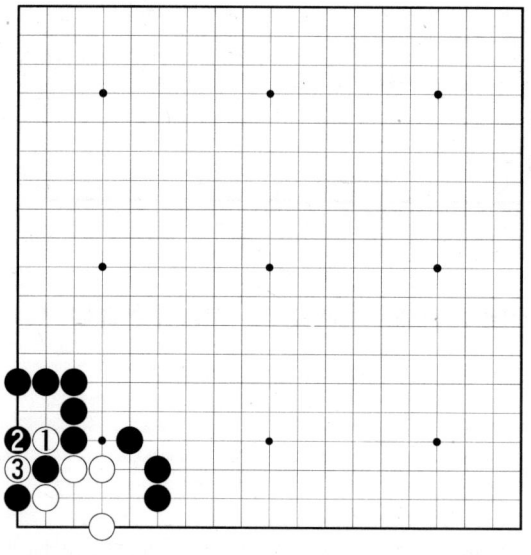

2图 打劫失败

白1断时黑只有2打劫，3提后成劫，黑失败。

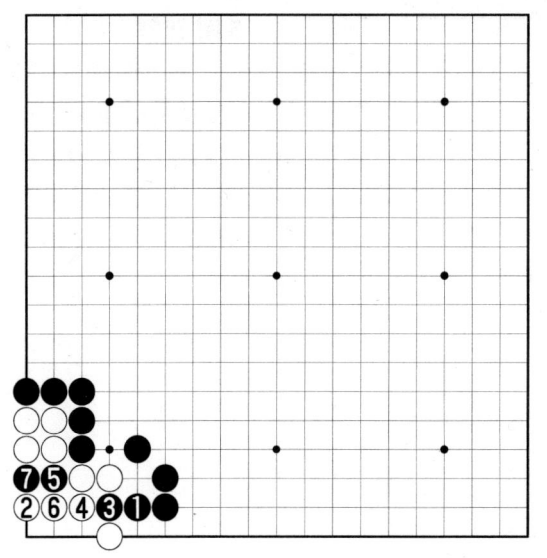

3图 白2，好手

黑单纯地弯来缩小眼位，则白2跳在准备着，黑3冲，5断吃，白有6位打，7提后……

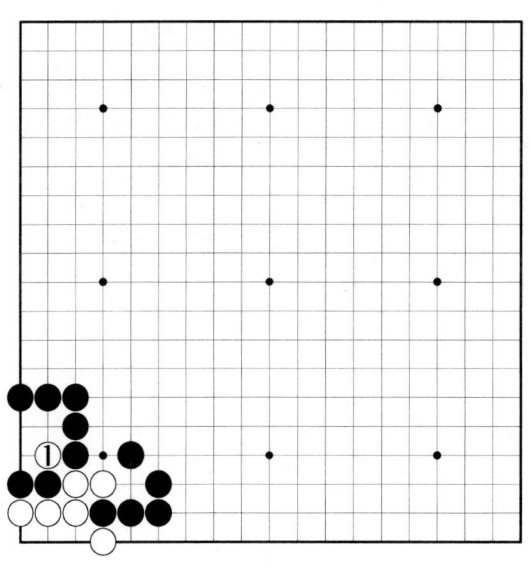

4图 倒脱靴

白1断便倒脱靴活。

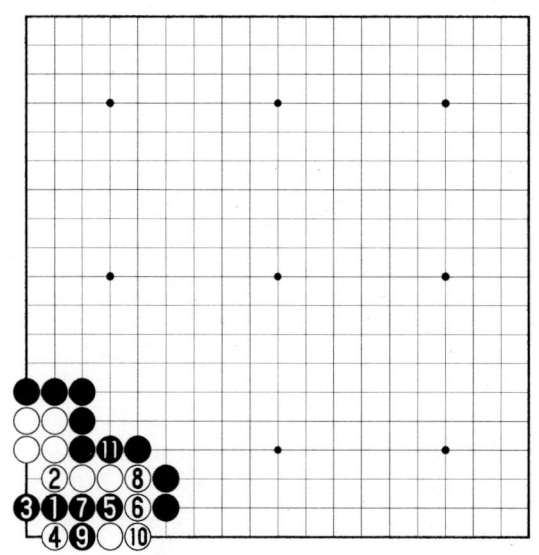

5图 正解

黑1点是急所,白2粘的话黑3立下,之后5挖是要紧的次序,白6打的话至11形成不入气,白死。

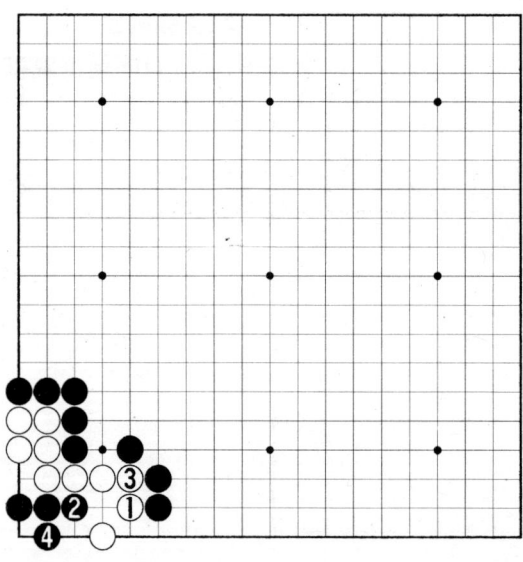

6图 变化

白1扩大眼位,则黑2、4应对,白无活路。

9. 物极必反（黑先）

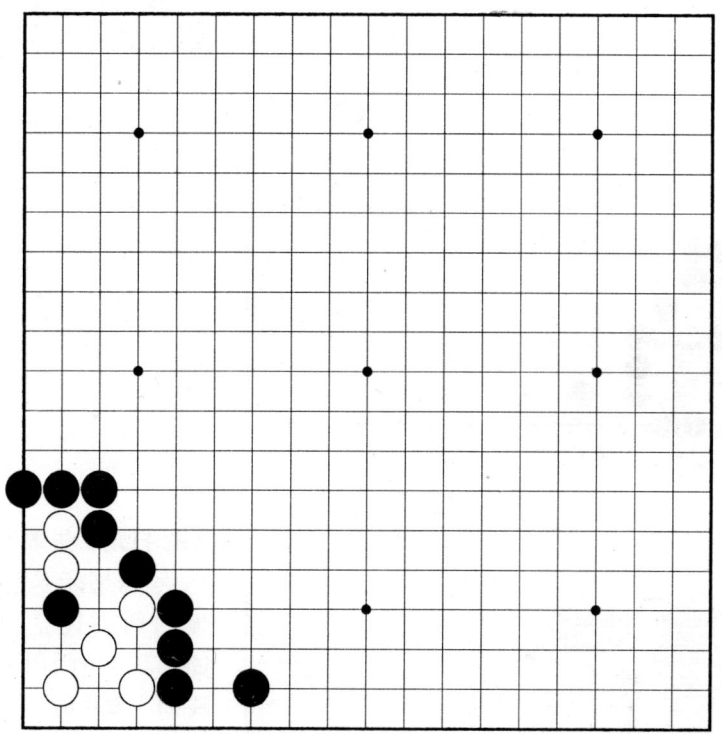

极高寓于极平，至难出于至易。有意者反远，无心者自近也。

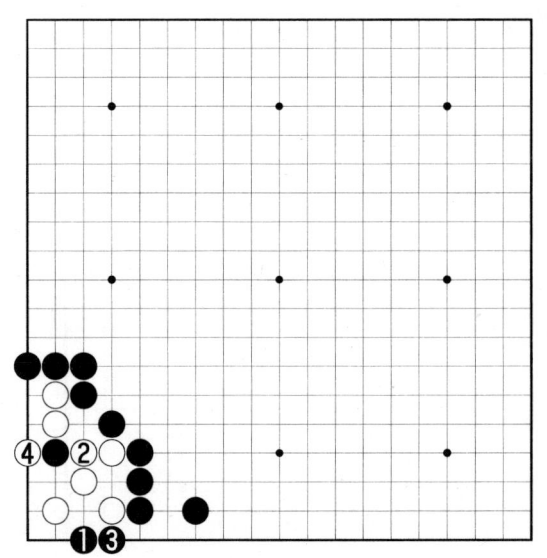

1图 无理的"点"

黑1点，白2团，黑3渡过，白有4位抱吃的好手。

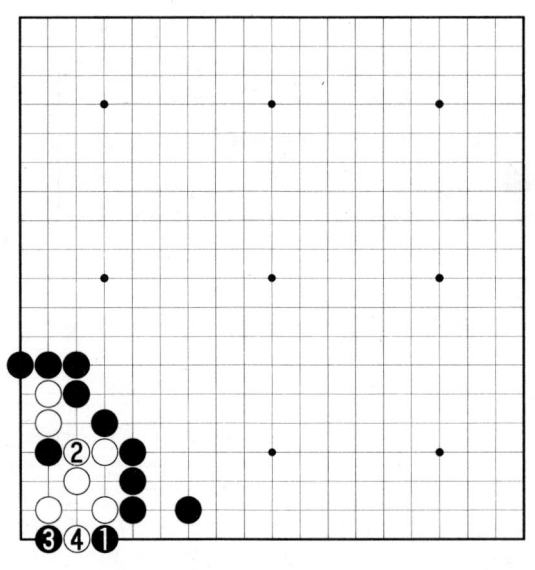

2图 打劫，失败

黑1想都不想就扳的话，还是白2团，黑3托则白4扑成劫，黑失败。

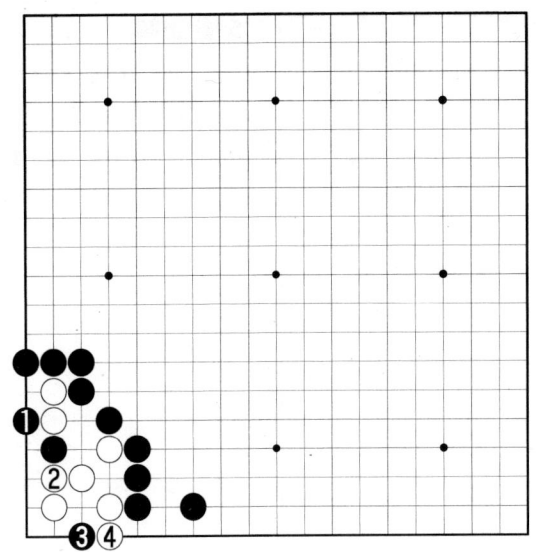

3图 还是失败

黑1渡过，太简单了，白2、4轻松做活。

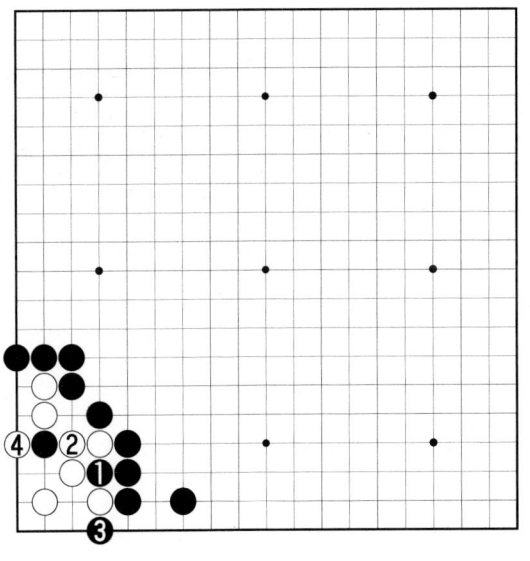

4图 束手无策

黑1打则白2接,黑3打,白4抱吃已然成活。

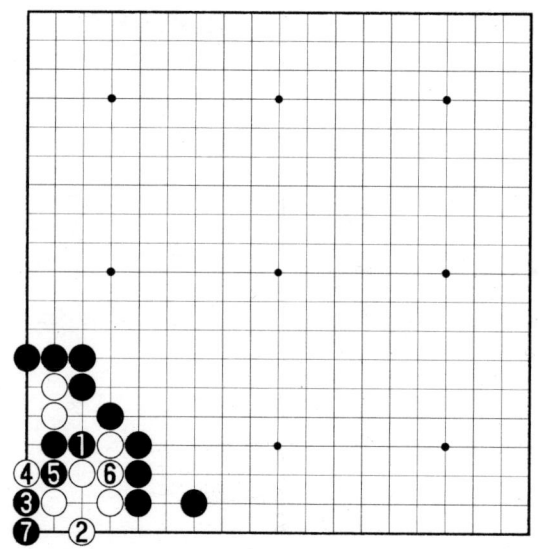

5图 正解

黑1方向正确，白2做出一眼是最强抵抗，黑3托，白4吃住，黑7长好手，白已无力生还。

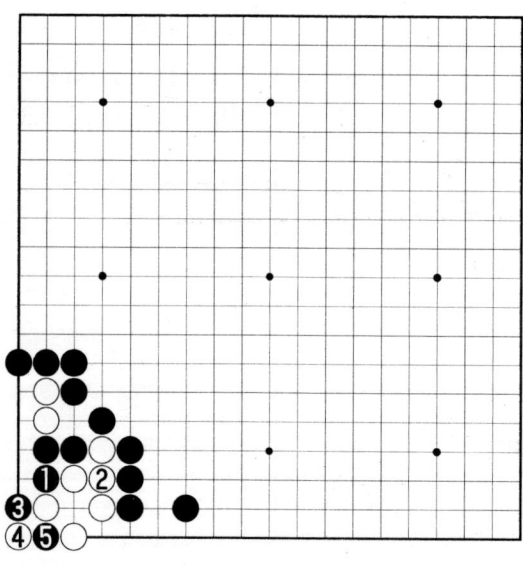

6图 黑的失手

5图中的黑3若如本图黑1先挤，则白2后4扑成劫，黑失败。

10. 不争之胜（黑先）

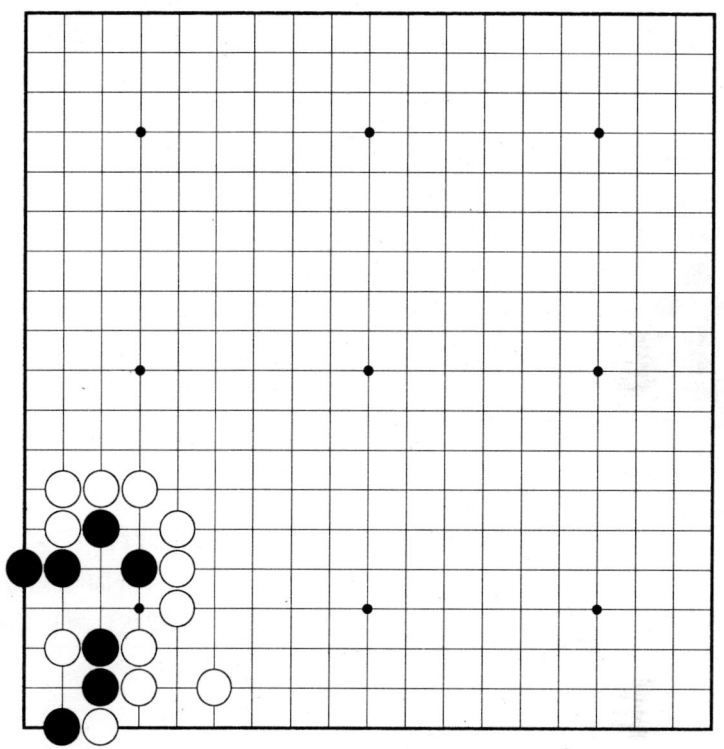

幽人清事，总在自适。故酒以不劝为欢，棋以不争为胜，笛以无腔为适，琴以无弦为高，会以不期约为真率，客以不迎送为坦夷。若一牵文泥迹，更落尘世苦海矣。

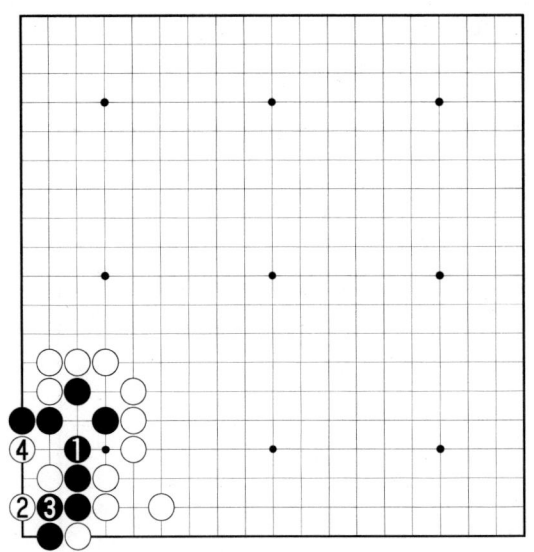

1图 刀把五

　　黑1长，白2、4准备着，形成"刀把五"，黑净死。

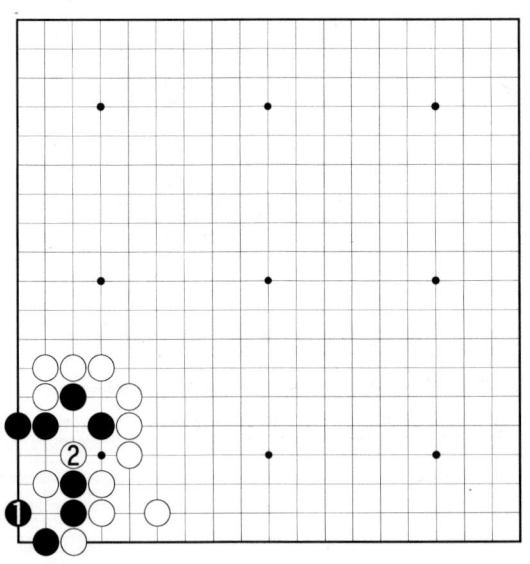

2图 单纯

　　黑1简单做眼，则白2吃，黑已然净死。

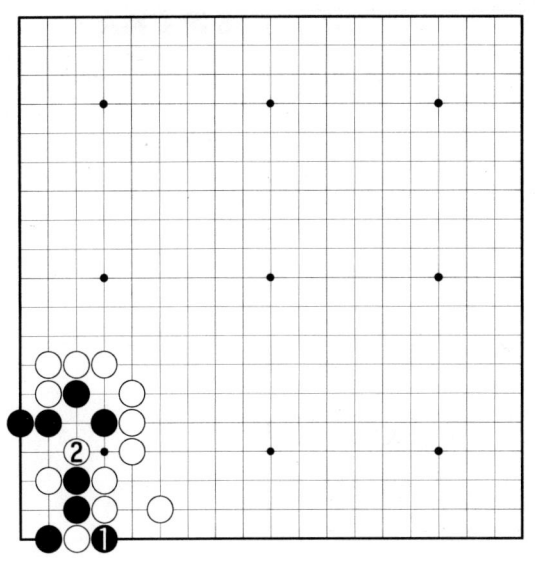

3图 大同小异

黑1提，则白2扳，与2图结果大同小异。

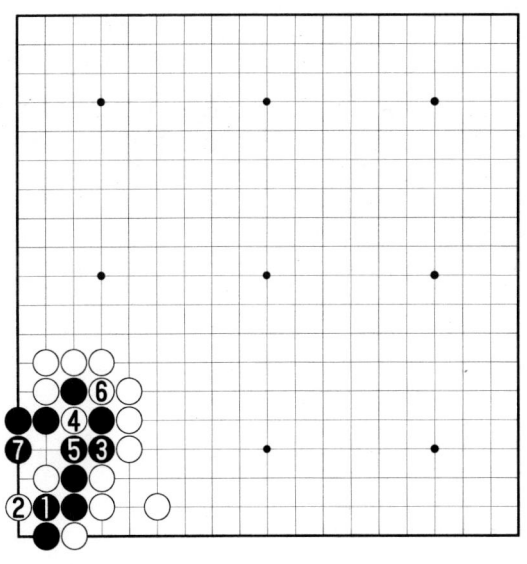

4图 正解

黑1是唯一的生命线，白2扳，黑3扩大眼位，白4扑，6破眼，则有黑7弯的好手，成双活。

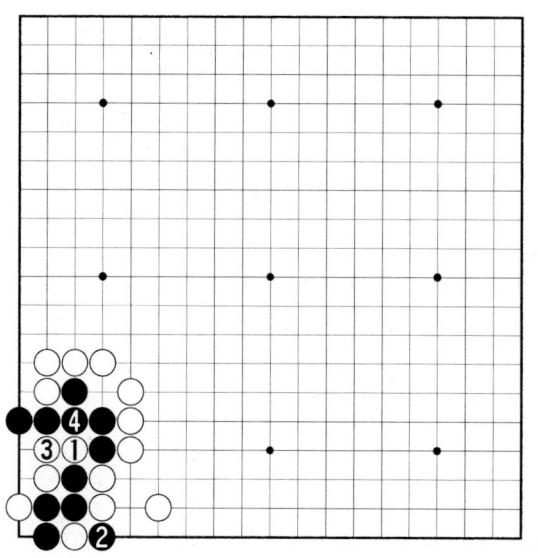

5图 变换次序

白若先于1位打,则黑2、4后,仍是活棋。

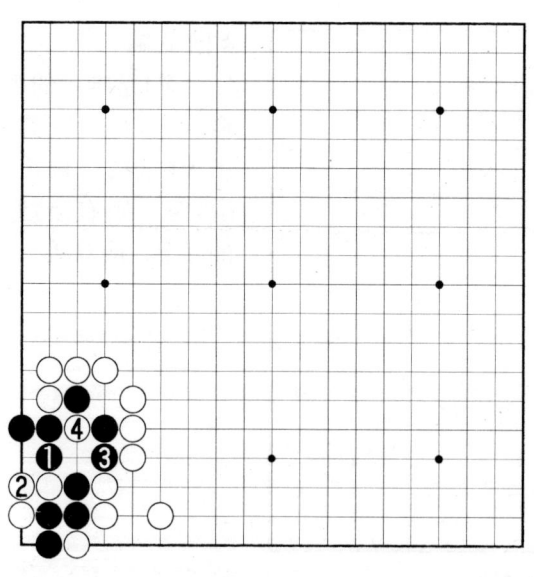

6图 黑的失手

黑1先打,性急。以下至白4扑,黑遭全灭。

11. 宽窄之路（黑先）

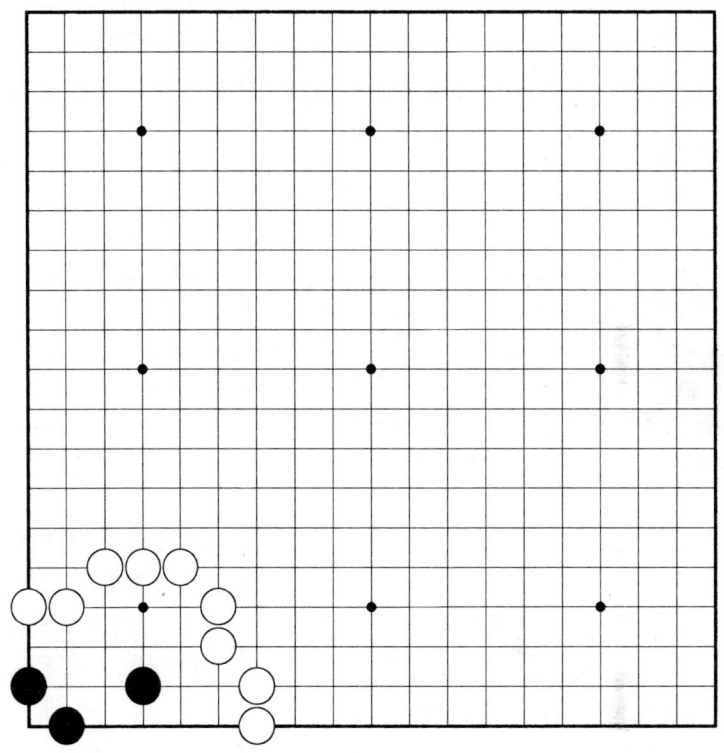

争先的径路窄，退后一步，自宽平一步；浓艳的滋味短，清淡一分，自悠长一分。

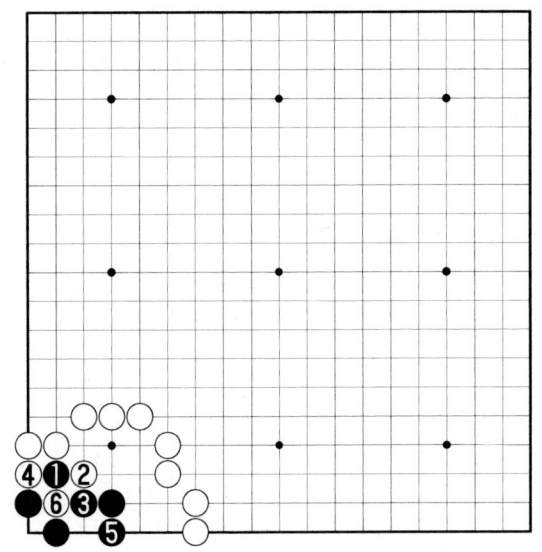

1图 简单失败

黑1，太天真了，白2、4简单成劫，黑失败。

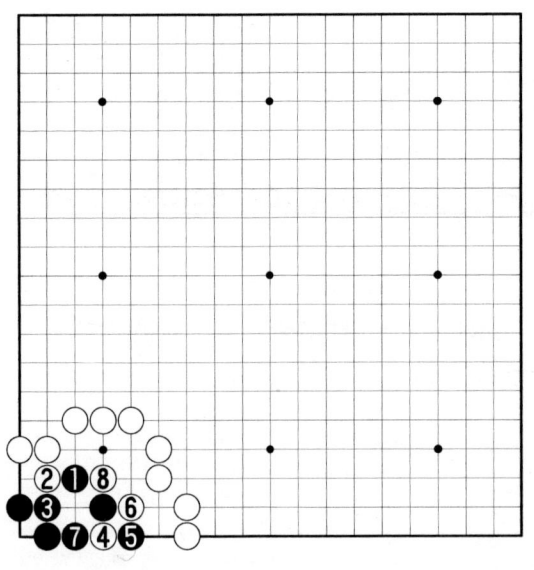

2图 错误的形状

黑1也是不对的，白2缩小眼位后4位托，黑无法成活。

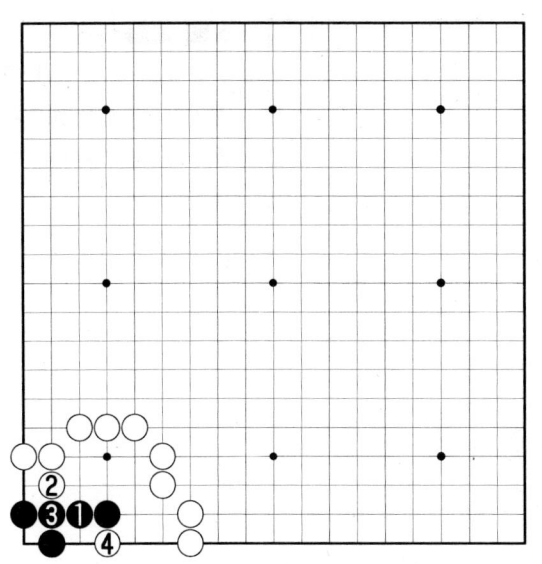

3图 天真

黑1看似是形,但白2破眼位,4托,黑净死。

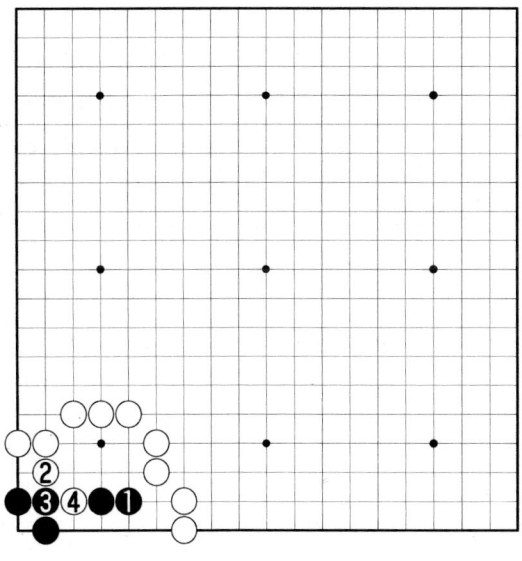

4图 准备已久的"挖"

改变方向,黑1长,白还是有4挖的好手,黑仍失败。

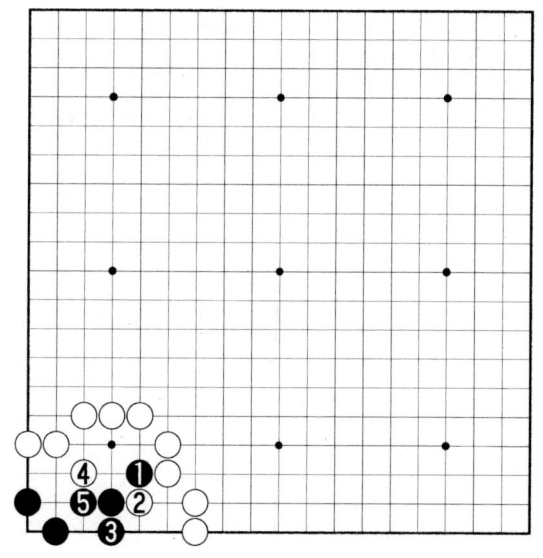

5图 正解

黑1妙手,白2缩小眼位,则黑3立下,白4时黑5简明成活。

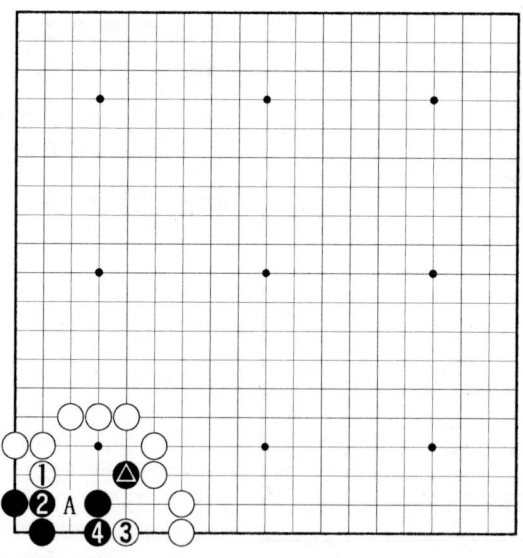

6图 变化

白1、3缩小眼位,黑2、4成活。由于黑△,白A位挖不成立。

12. 明从晦生（黑先）

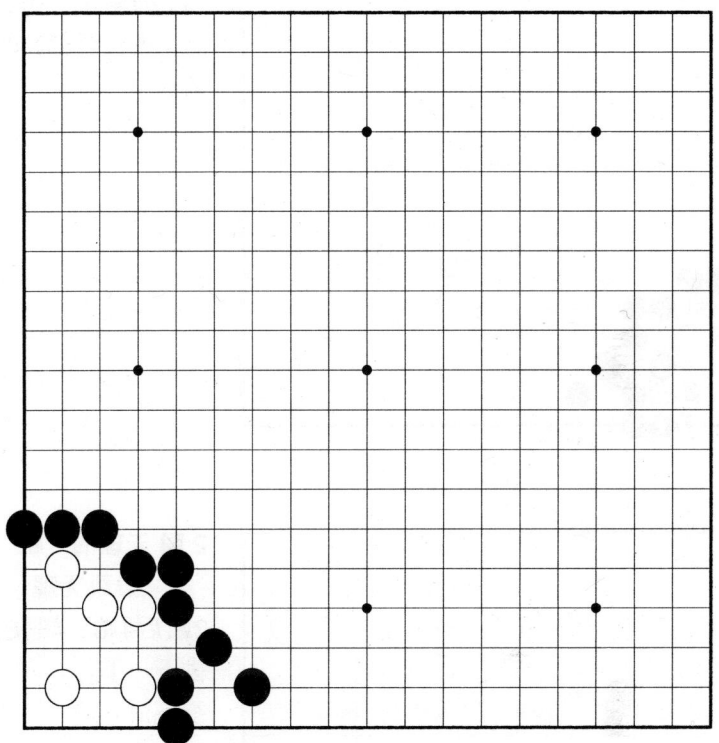

粪虫至秽，变为蝉，而饮露于秋风；腐草无光，化为萤，而耀采于夏月。固知洁常自污出，明每从晦生也。

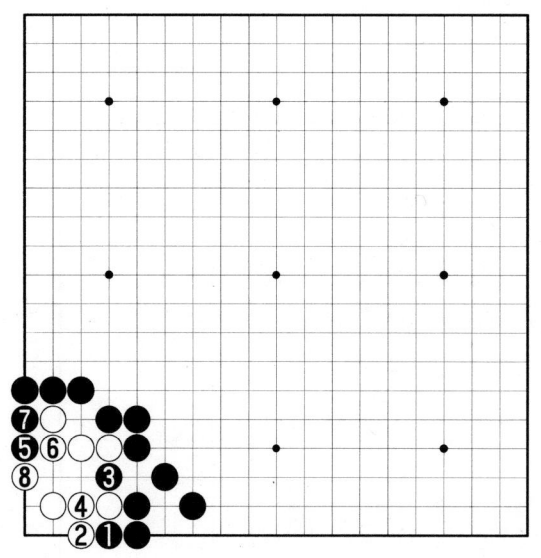

1图 简单成活

黑1悄悄地爬,白2挡愉快,黑3打后5跳,至8简单成活。

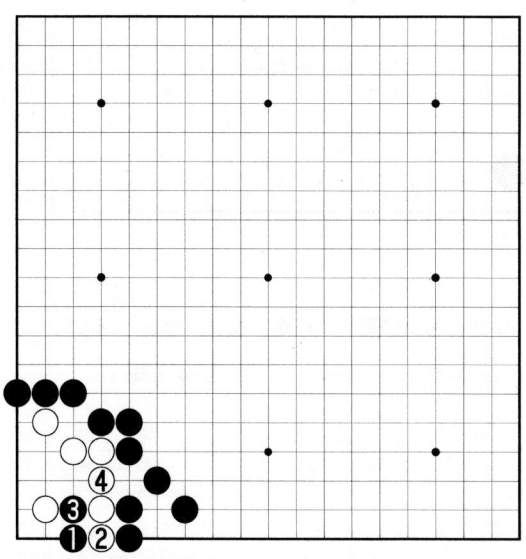

2图 无理的"跳"

黑1跳无理,白2断后4粘,黑便失去下一手。

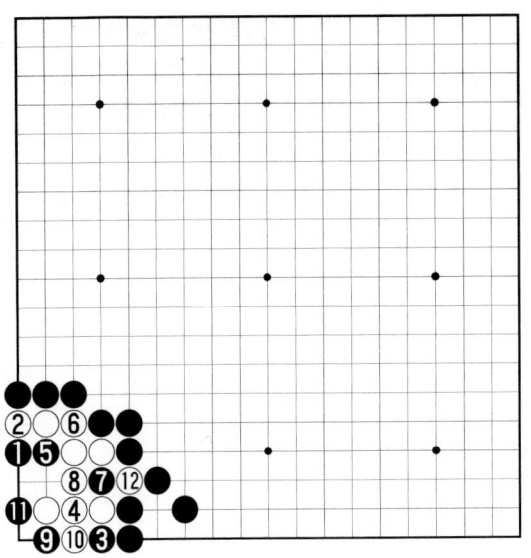

3图 连环劫

黑1跳的话,白2断,黑3爬以下至白12形成连环劫,白活。

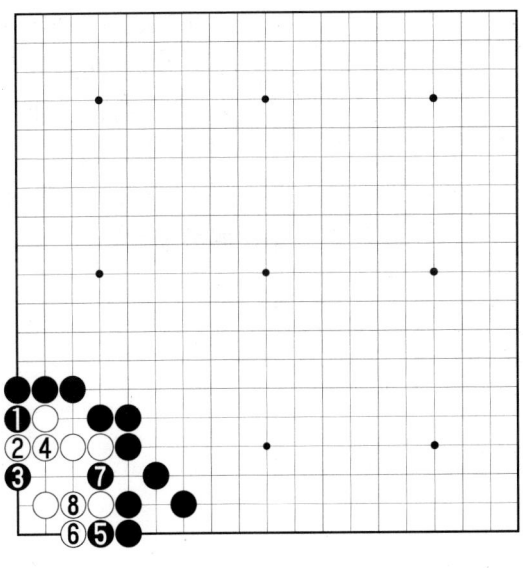

4图 黑失败

黑1爬,白2挡。黑3打以下至白8仍是活棋。

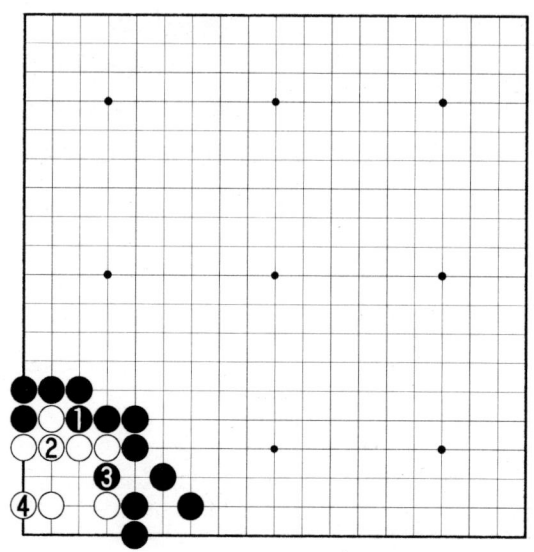

5图 太平凡

黑1太普通，至白4简单成活。

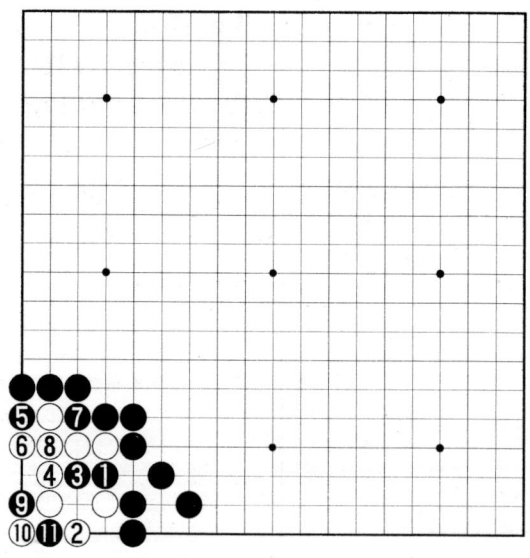

6图 正解

黑1挖是好手，白2最强抵抗，但黑7打妙手，白8粘时再于9位托，至黑11成劫是正解。

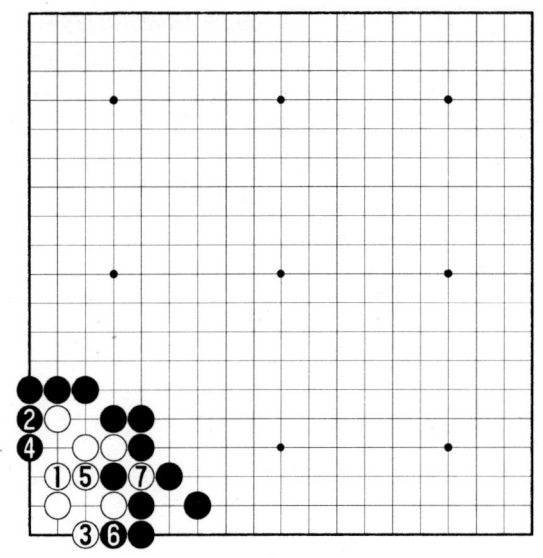

7图 变化Ⅰ

白1退则黑2爬，白3摆出好形，黑4长以下至白7，还是形成劫争。

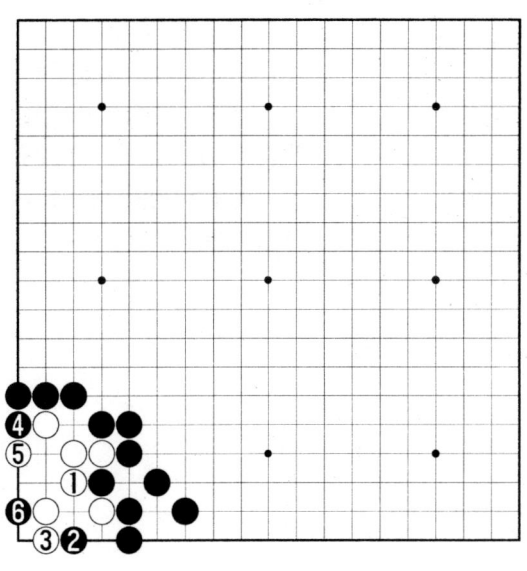

8图 变化Ⅱ

白1直接挡，则黑2跳，白3挡时，黑4、6应对，白死。

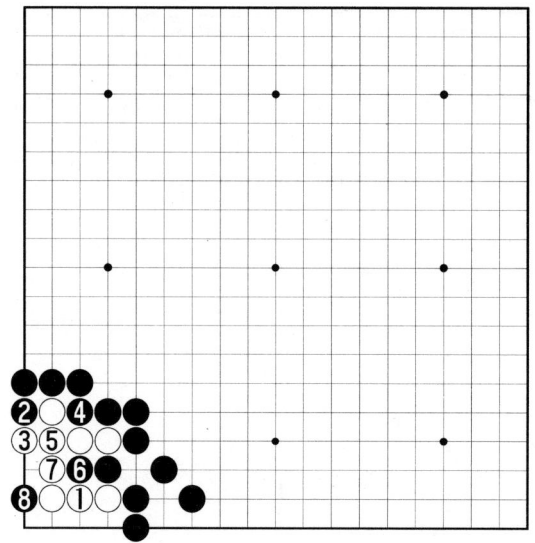

9图 白无用的挣扎

白1粘，则黑2、4两打，以下至黑8形成"盘角曲四"，白净死。

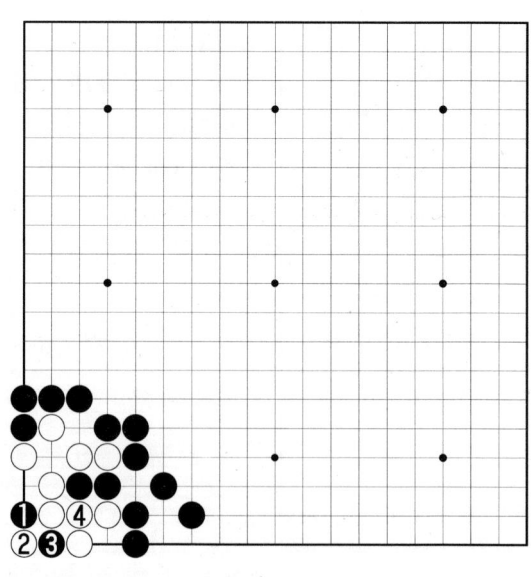

10图 黑的失误

9图中的黑4省略，而直接如本图黑1托的话，白2扑后4粘绝妙！白成功做活。

13. 静听闲观（黑先）

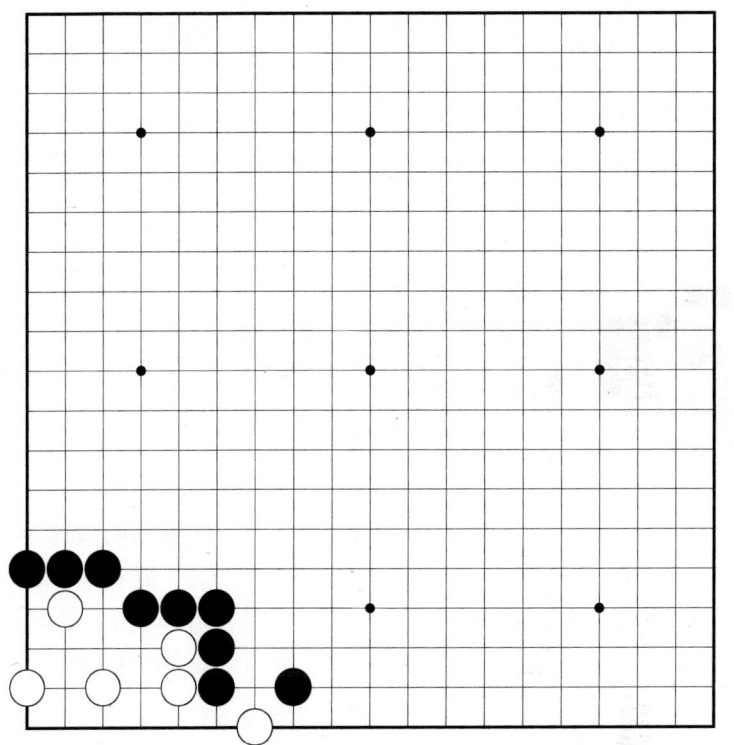

　　林间松韵，石上泉声，静里听来，识天地自然鸣佩；草际烟光，水心云影，闲中观去，见乾坤最上文章。

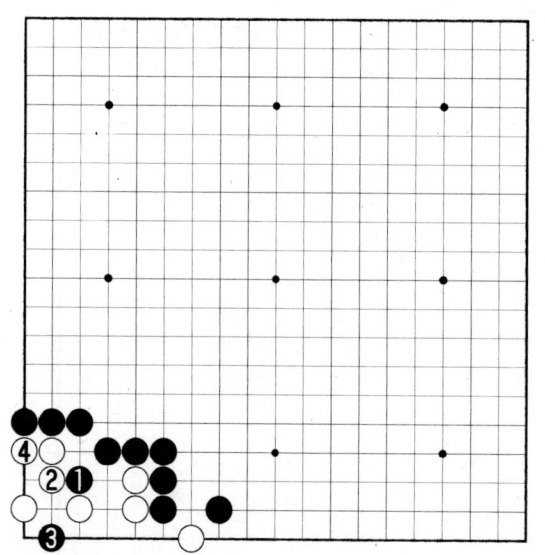

1图 简单成活

黑1尖，白2单纯地挡，黑3点则白做眼成活。

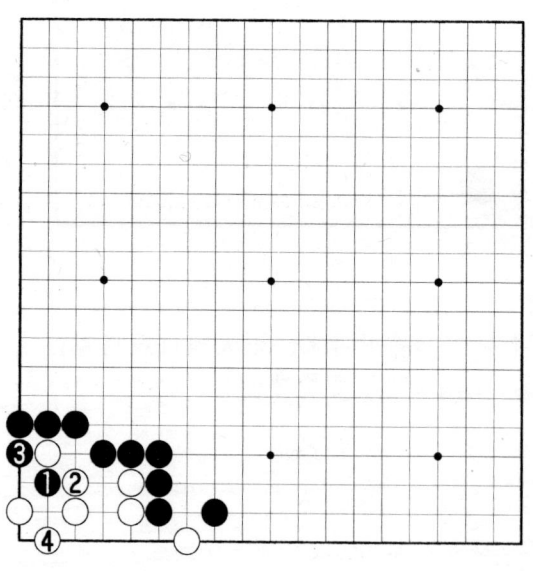

2图 活的模样

黑1敏锐地夹，则白2挡，黑3打后白4简明成活。

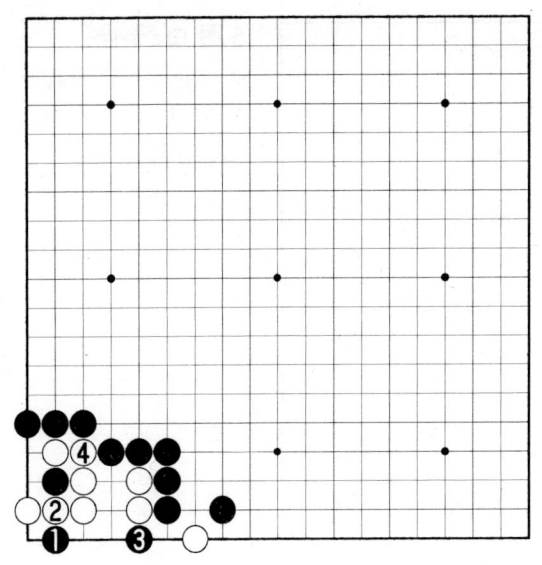

3图 仍是净活

2图中的黑3若如本图黑1点,则白2粘,3扳则白4接成活。

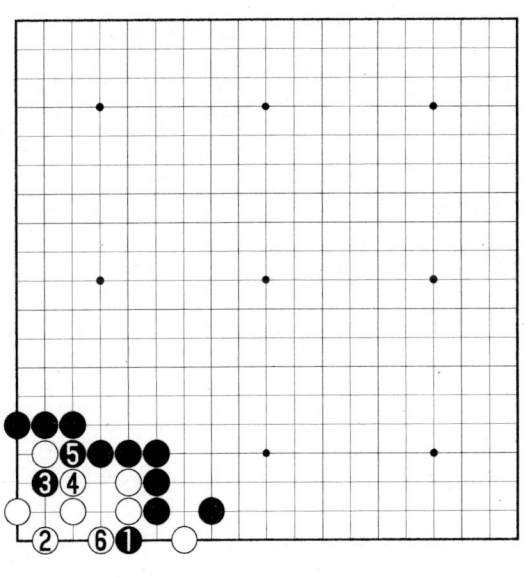

4图 失败

改变方向,黑1扳则白2做出眼位,黑3则白4弃掉一子,至白6成活。

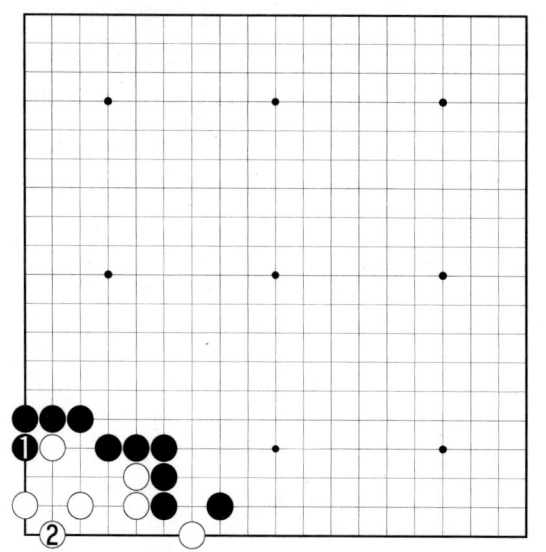

5图 白2要点

黑1安静地爬也是值得一想的一步,但白2做眼是要点,黑仍失败。

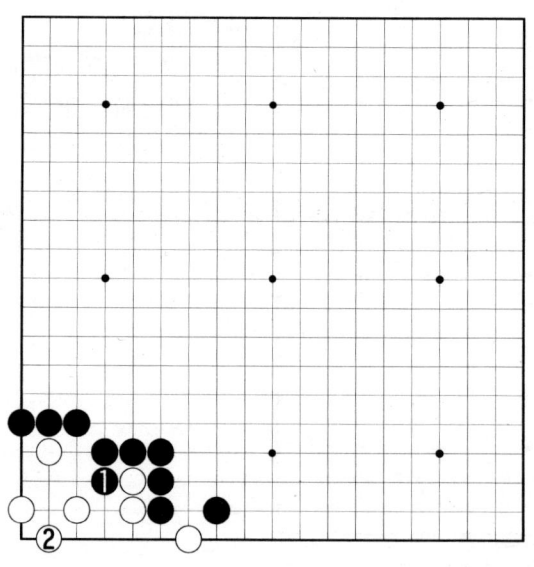

6图 端正的形

黑1冲则白2做眼,简单成活。

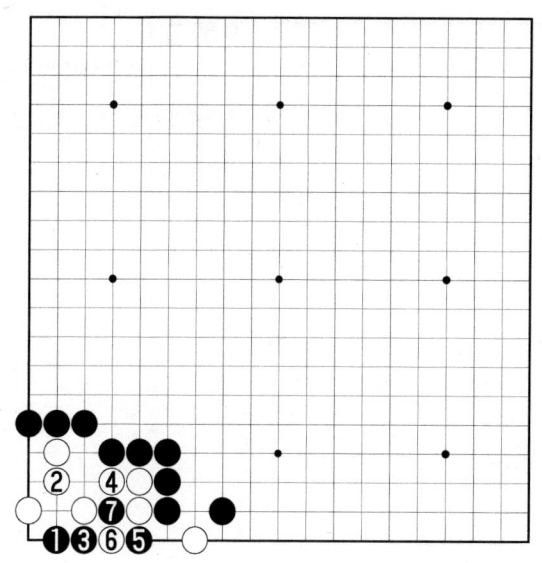

7图 正解

敌之要点即我之要点，黑1点，白2时黑3爬好手，至黑7成劫是正解。

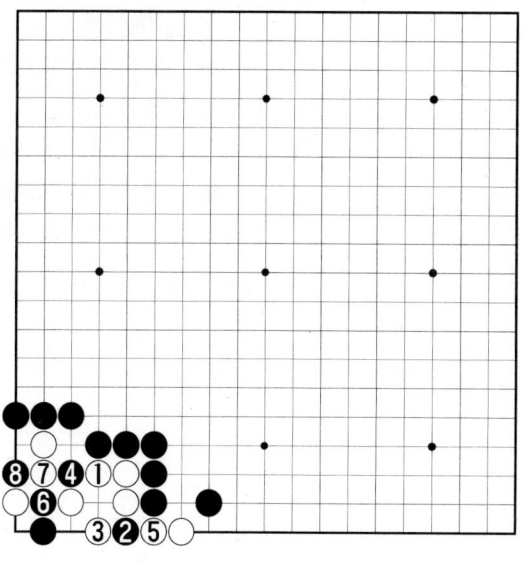

8图 黑8，精妙

白1抵抗，则黑2先扳要紧，黑4、6冲后，8位扑是妙手，白不行。

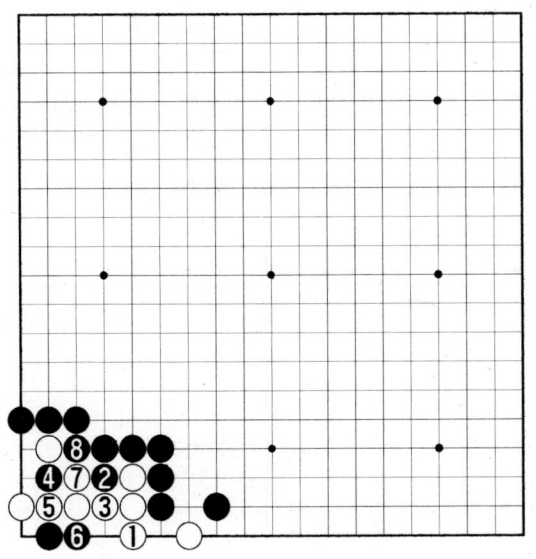

9图 变化

白1立,则黑2、4缩小眼位,白已无活路。

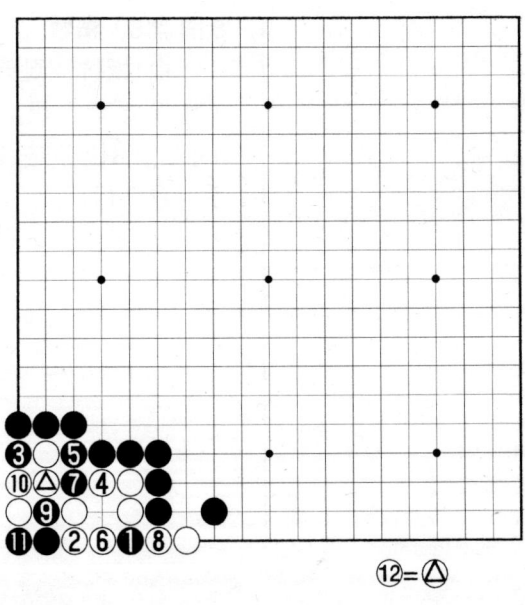

10图 倒脱靴

图7中的黑3若如本图黑1先扳,则白2挡,黑3冲则白4贴,至白10形成绝妙的"倒脱靴",黑失败。

⑫=△

14. 以德御才（黑先）

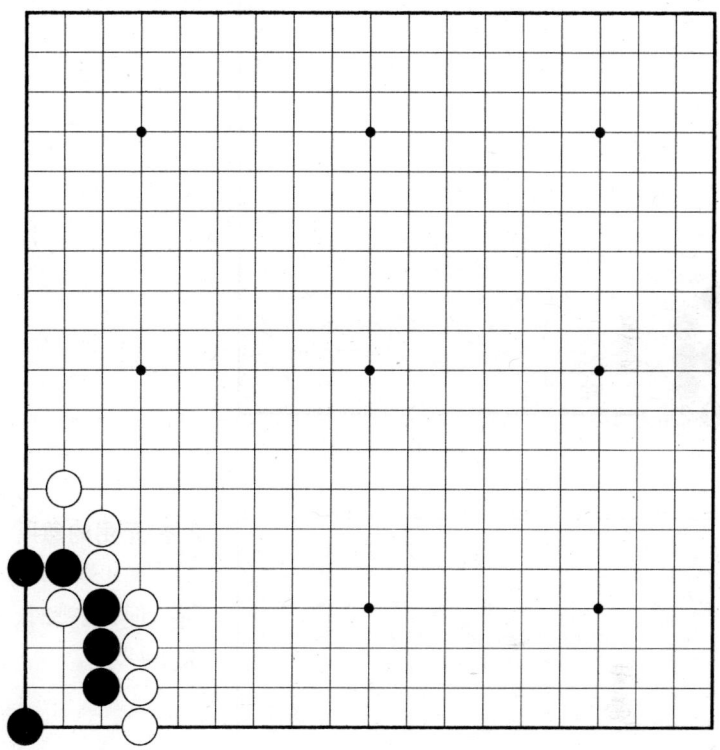

德者，才之主；才者，德之奴。有才无德，如家无主而奴用事矣，几何不魍魉猖狂。

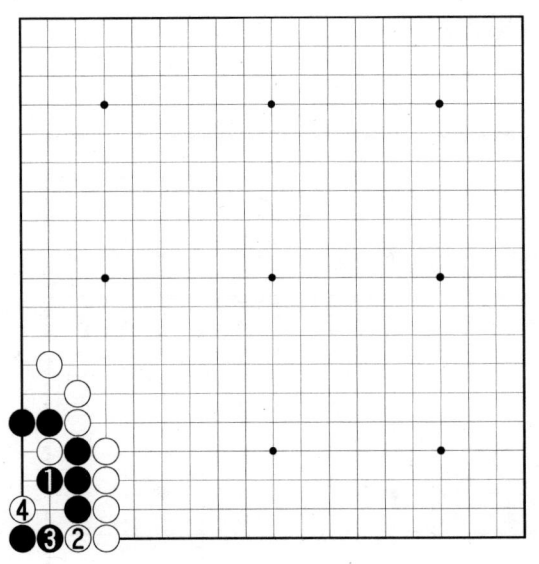

1图 缓慢

黑1打则白2爬,黑无活路。

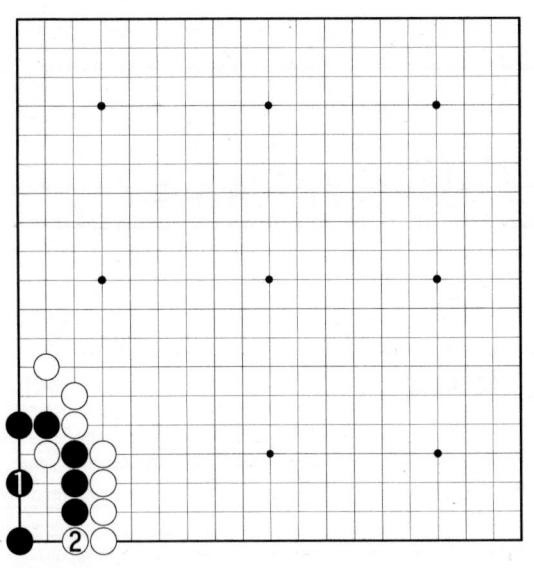

2图 无用的急所

黑1跳看似急所,但白2爬时,黑无下一手。

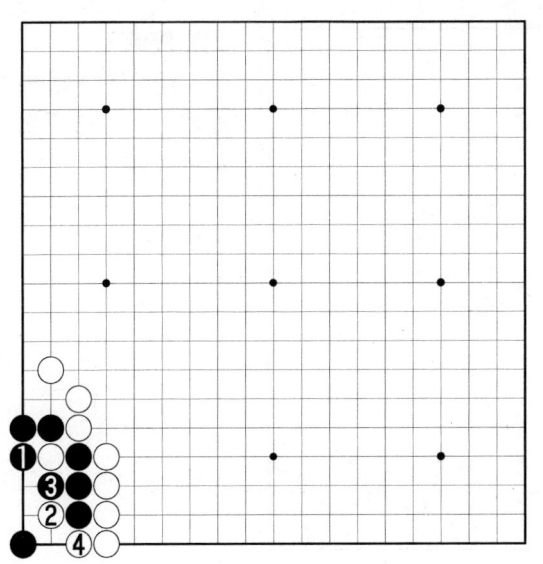

3图 仍是失败

黑1从下边打，则白2靠，至白4，黑仍是净死。

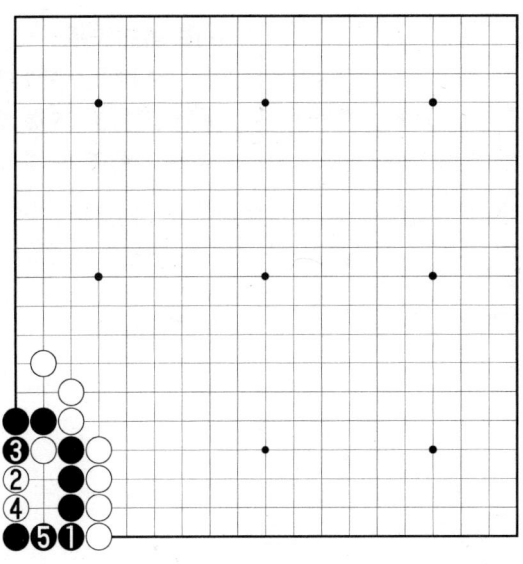

4图 正解

黑1单纯地挡，急所。白2尖，则黑3打，白4时黑5粘，成功做活。

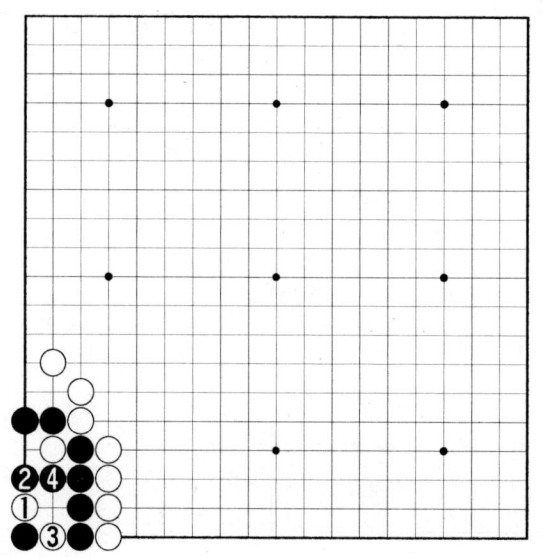

5图 双活

白1打,则黑2反打,白3提,黑4粘形成双活。

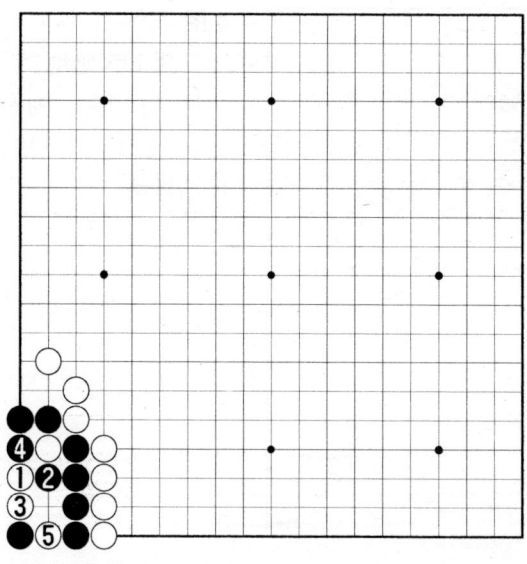

6图 黑的失手

白1时,黑2打不行,白3、5提起一子,黑不入气而死。

15. 收放身心（黑先）

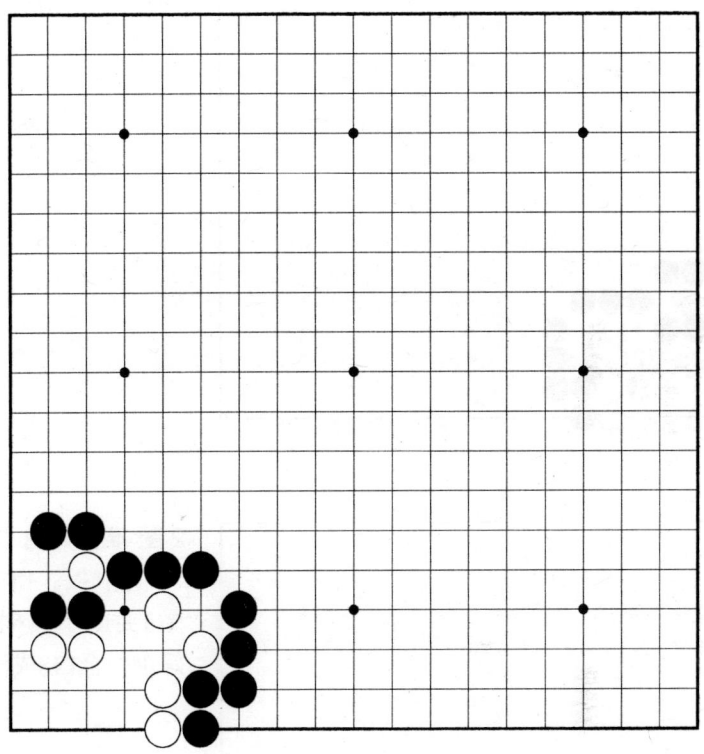

不如放身心，冥然任天造；不如收身心，凝然归寂定。

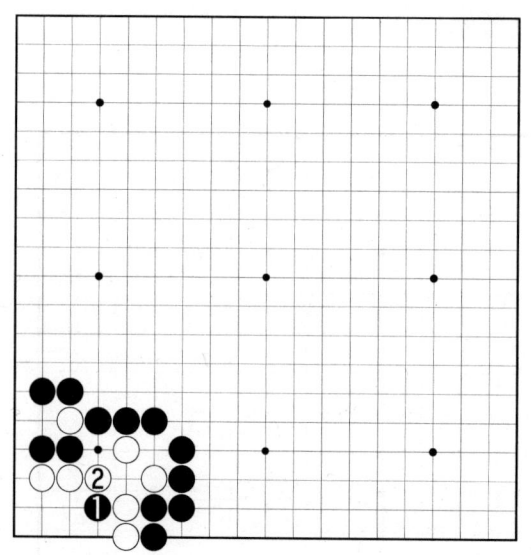

1图 无谋

黑1靠,平凡,白2挡简单做活。

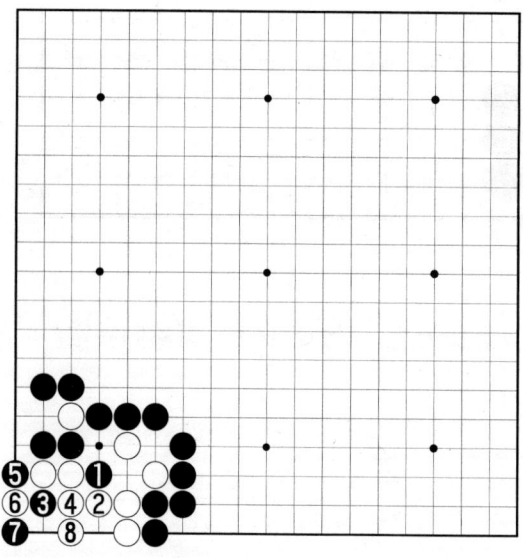

2图 准备好的"扑"

黑1扳,白2挡,黑3夹以下白6扑是好手,至白8成活。

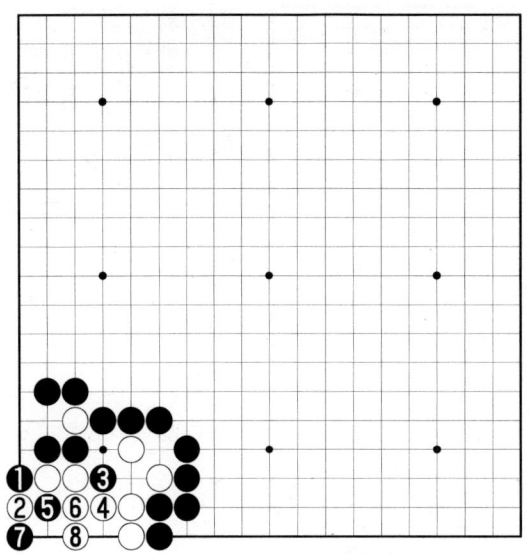

3图 大同小异

黑1缩小眼位也不行,以下至白8,与2图的结果大同小异。

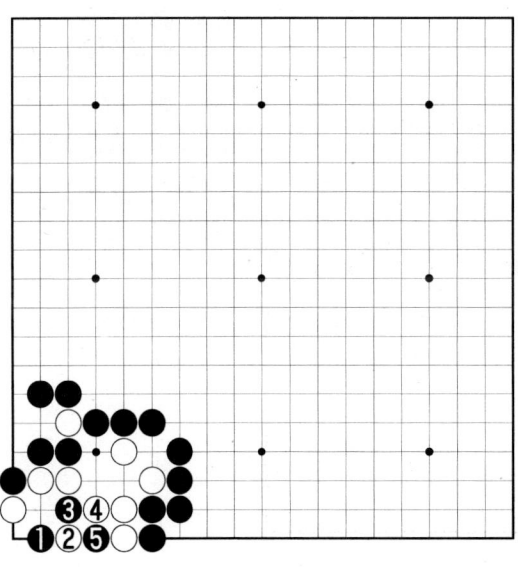

4图 看似急所

黑1点,看似急所,但至黑5形成打劫,黑失败。

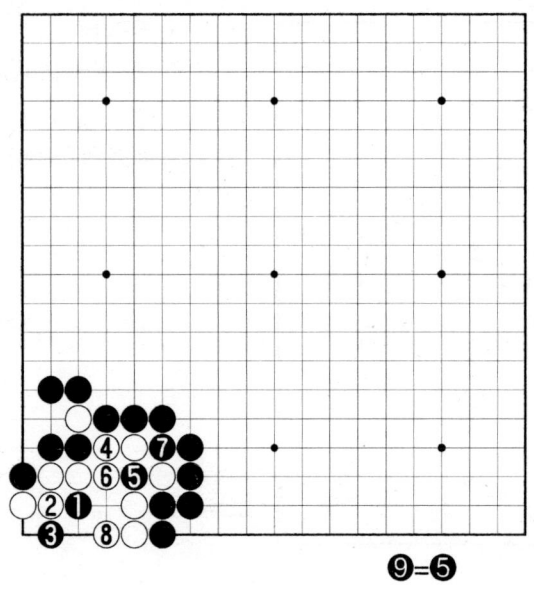

5图 劫

黑1看似妙手，白2、4形成劫争，黑仍失败。

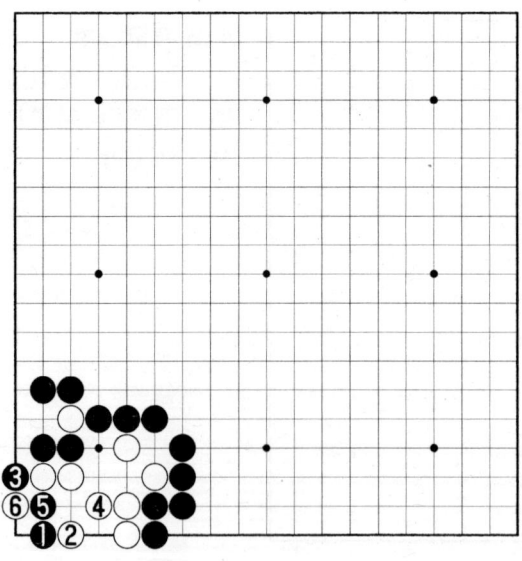

6图 白4好手

黑1直接点进急所，则白2靠，黑3扳时，白4是沉着的好手，至白6，黑已然失败。

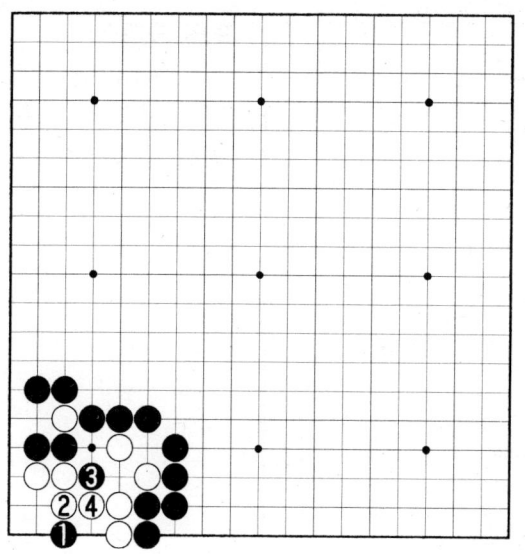

7图 准备好的"弯"

黑1点也是无谋的一手,白2顶弹性十足,黑3则白4粘成活。

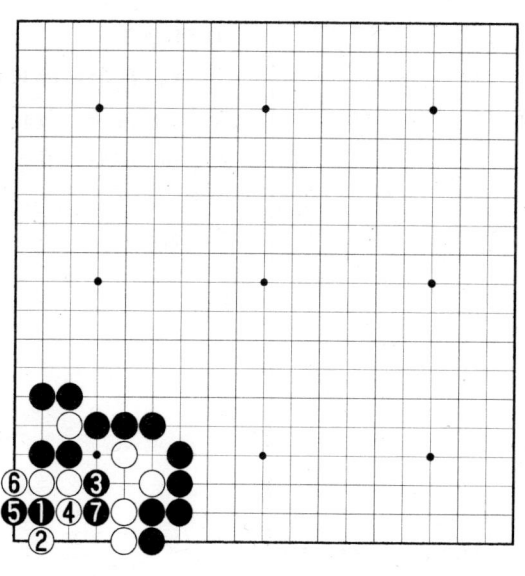

8图 正解

黑1夹有力的一手,白2抵抗,以下至黑7,白无法做活。

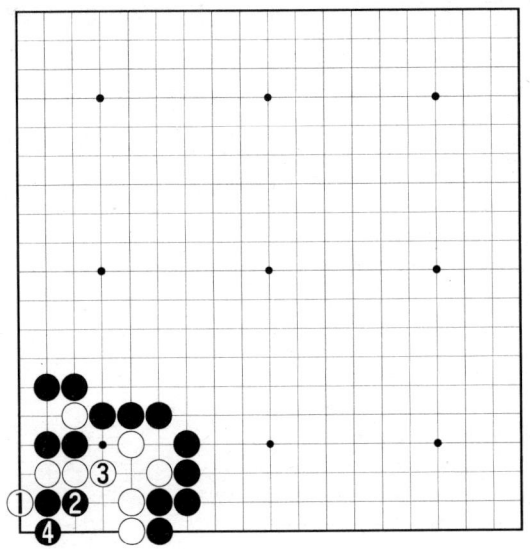

9图 刀把五

白1仍进行抵抗,则黑2爬、4弯,形成"刀把五"杀白。

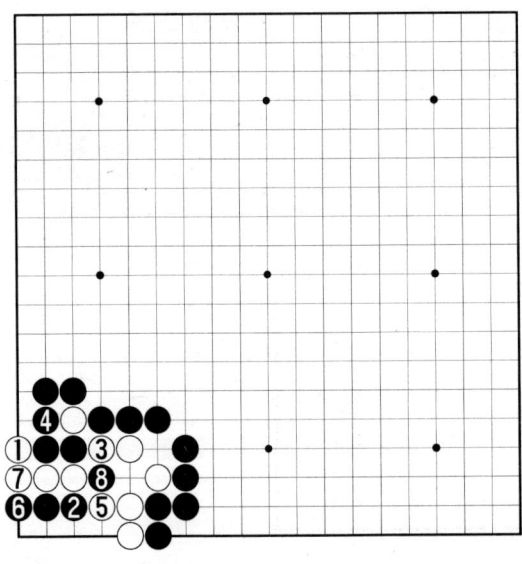

10图 全灭

白1是最后的抵抗,黑2至8,白仍遭全灭。

16. 天真之味（黑先）

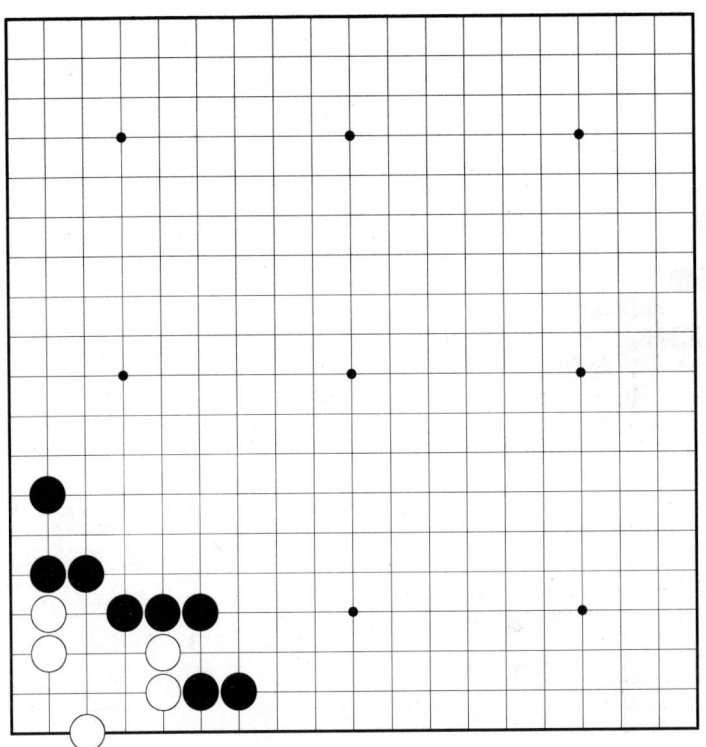

　　山林之士，清苦而逸趣自饶。农野之夫，鄙略而天真浑具。若一失身市井驵侩，不若转土沟壑，神骨犹清。

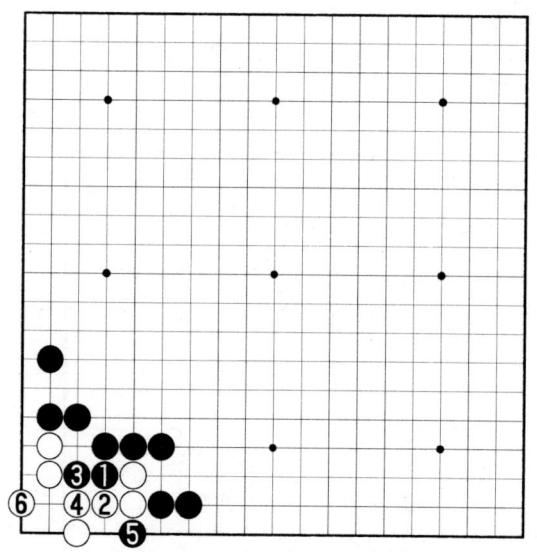

1图 简单失败

黑1冲的话太简单，至白6黑简单失败。

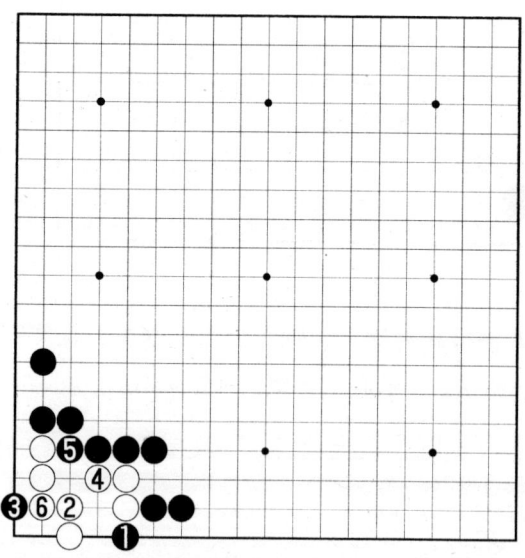

2图 白2严厉

黑1扳的话，白2长抵抗严厉，黑3、5破眼，则白6为止，黑失败。

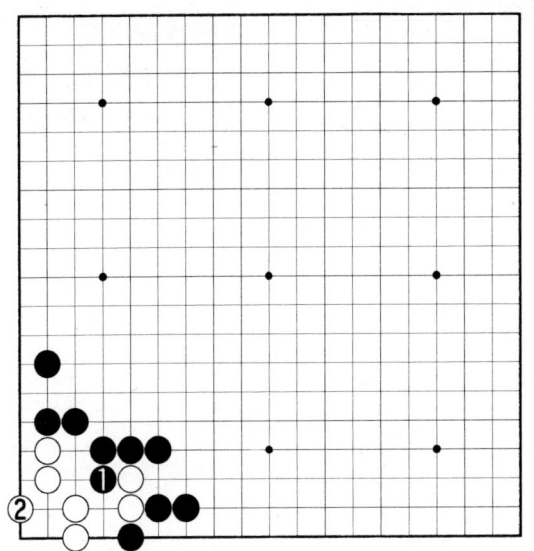

3图 见合

黑1冲,则白2虎,形成见合,黑失败。

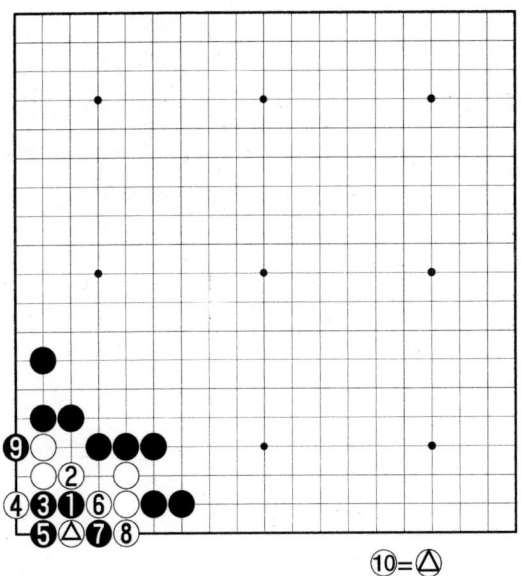

⑩=△

4图 劫则失败

黑1靠,敏锐,但白2至10一条路,结果形成劫争,黑失败。

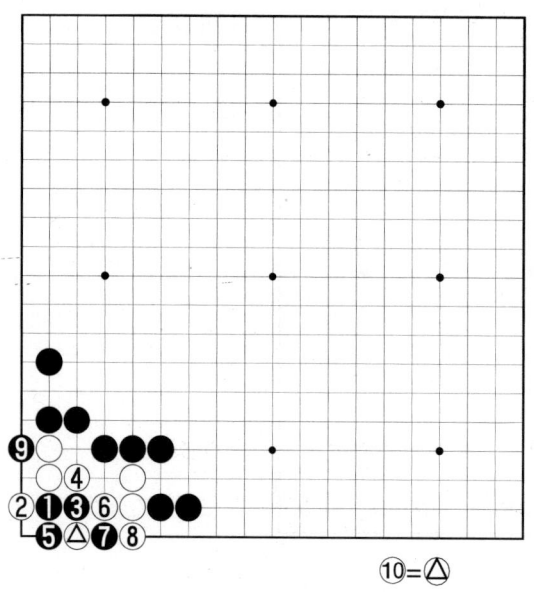

5图 大同小异

黑1换个方向靠，与4图一样无法成功。

⑩=△

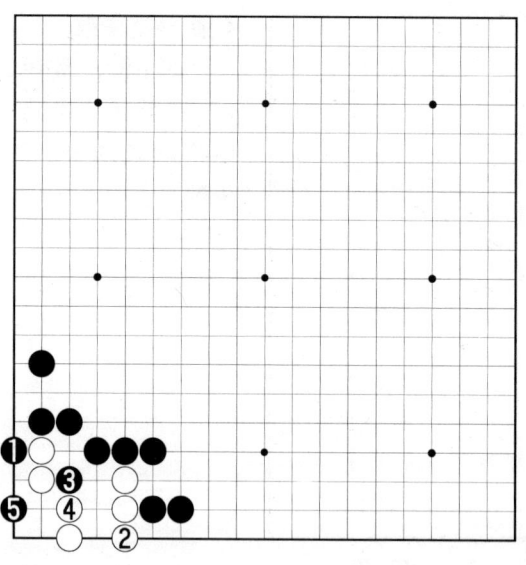

6图 正解

黑1扳是好手，白2扩大眼位,则黑3先手交换后5跳，白已无活路。

17. 百忍图成（黑先）

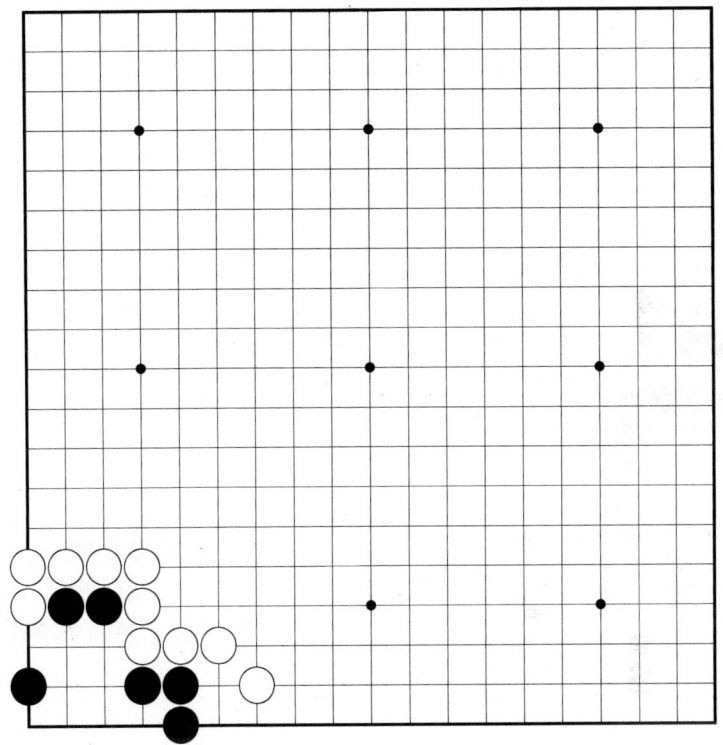

衰飒的景象，就在盛满中；发生的机缄，即在零落内。故君子居安，宜操一心以虑患；处变，当坚百忍以图成。

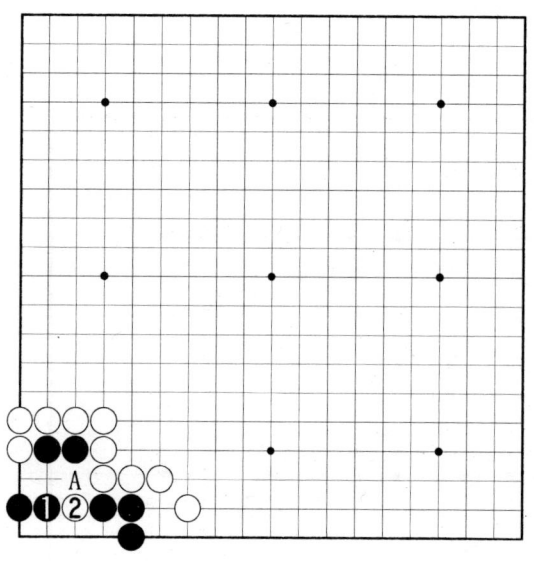

1图 安逸的一手

黑1做眼，单纯，白2挖，黑A位不入气，已失败。

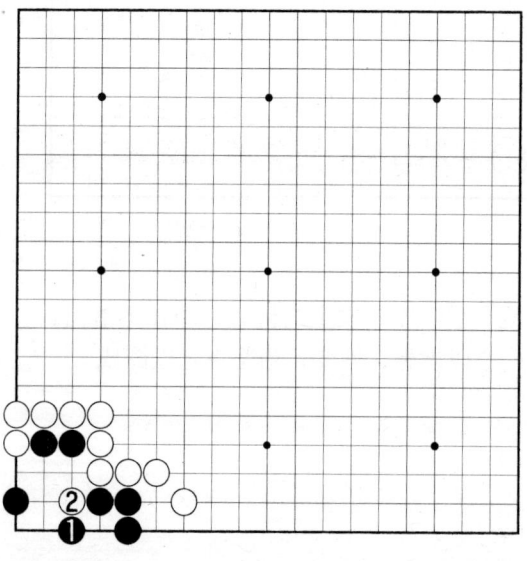

2图 差不多

黑1做眼，则白2挤，黑简单净死。

17. 百忍图成（黑先）

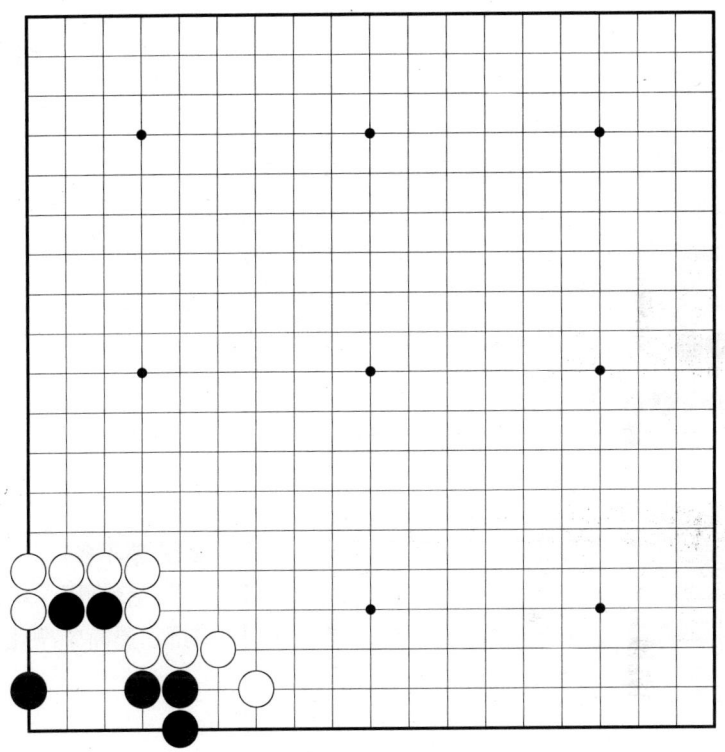

　　衰飒的景象，就在盛满中；发生的机缄，即在零落内。故君子居安，宜操一心以虑患；处变，当坚百忍以图成。

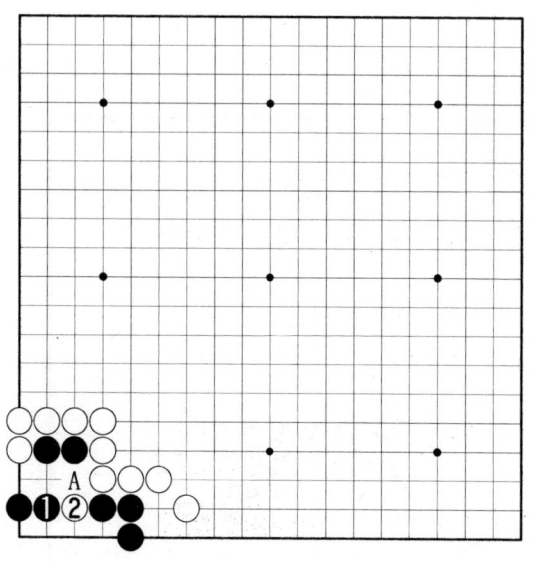

1图 安逸的一手

黑1做眼，单纯，白2挖，黑A位不入气，已失败。

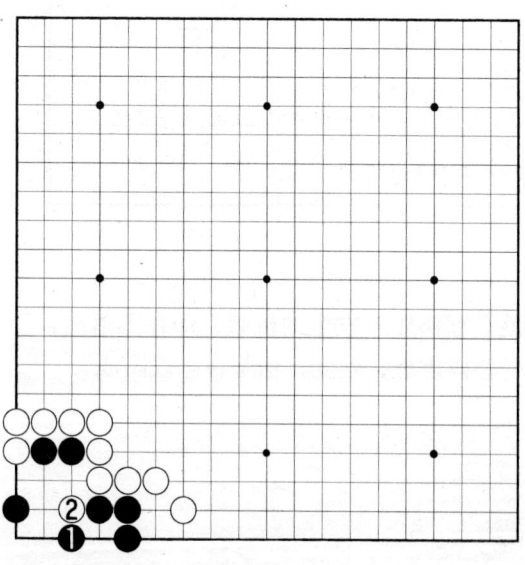

2图 差不多

黑1做眼，则白2挤，黑简单净死。

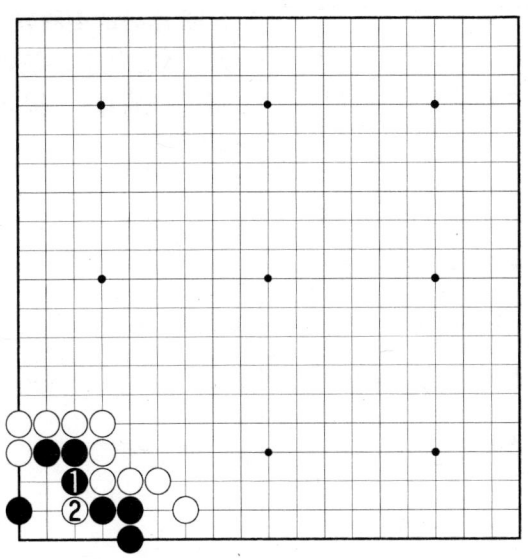

3图 黑无下一手

黑1无谋，白2打吃，黑已无下一手。

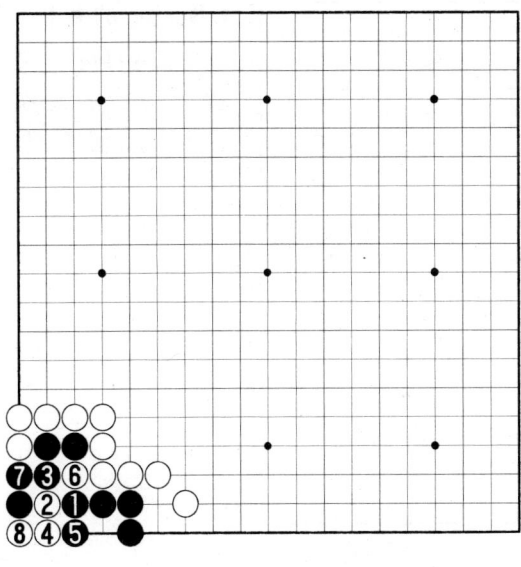

4图 正解

黑1是急所，白2挖也是强手，但以下至白8……

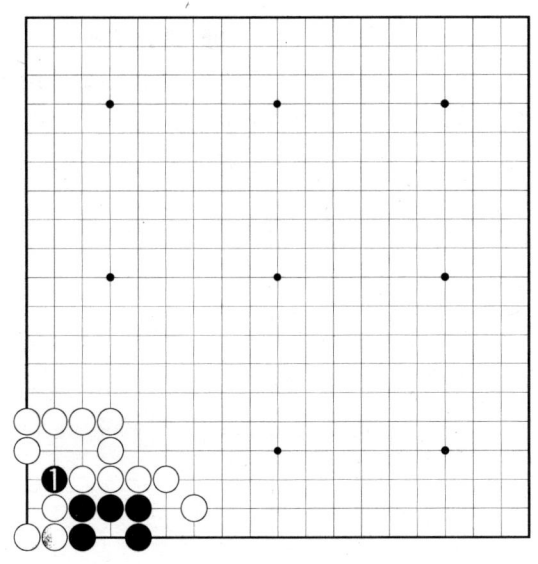

5图 绝妙的倒脱靴

黑1断吃,绝妙的"倒脱靴",黑成功净活。

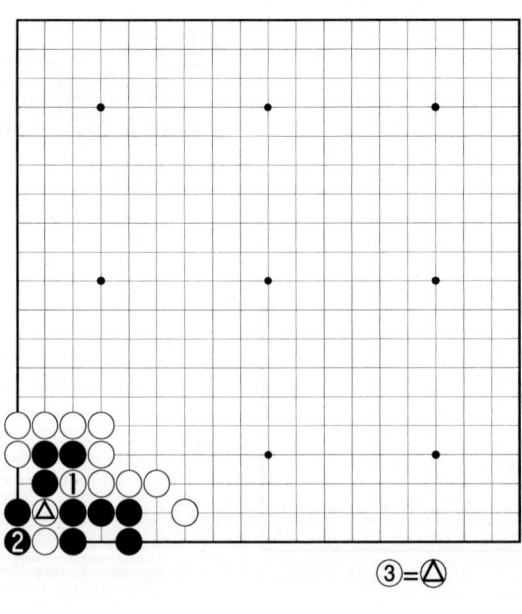

6图 无心的失手

白1打时,黑2提,致命的失误,白3扑,黑便遭净杀。

18. 慎持盈满（黑先）

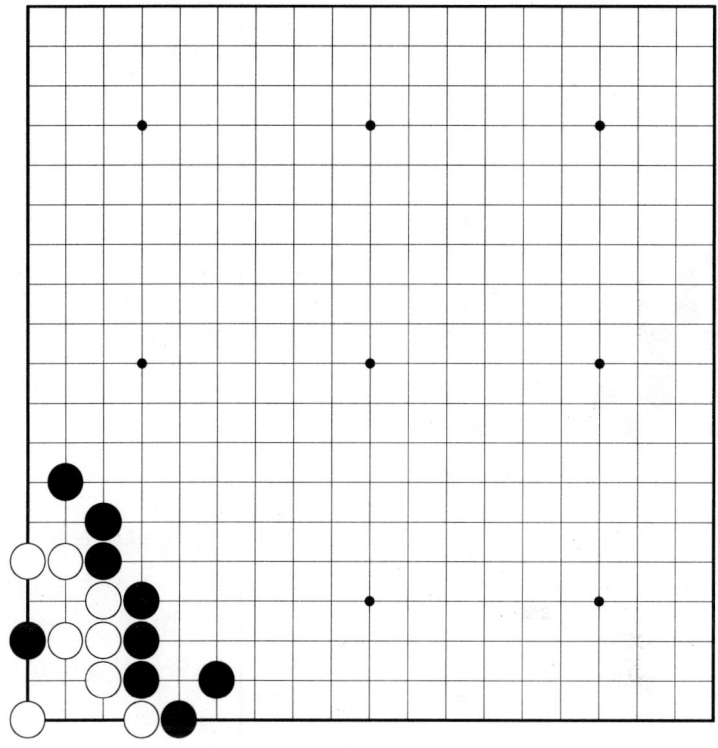

老来疾病，都是壮时招的；衰后罪孽，都是盛时作的。故持盈满，君子尤兢兢焉。

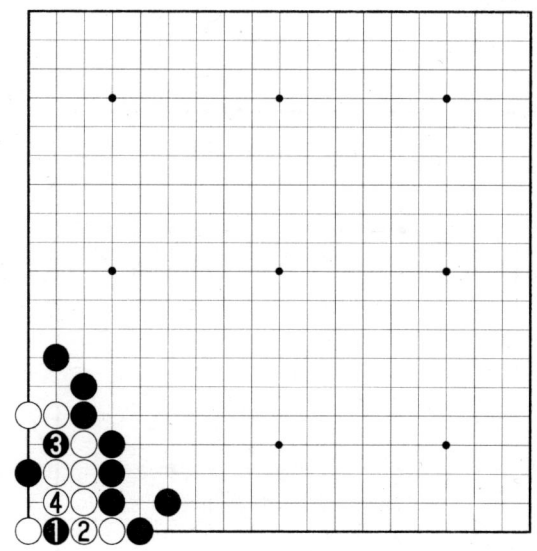

1图 方向的错误

黑1打的话,白2粘,黑3扑,则白4提,简单做活。

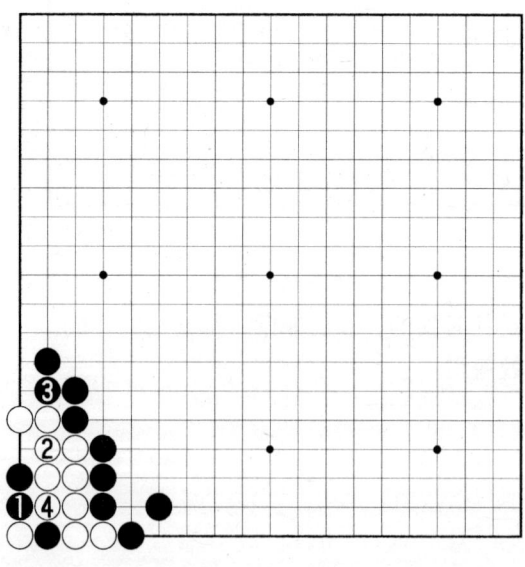

2图 劫则失败

1图中黑3若如本图黑1提,则白2、4紧气形成劫争,黑失败。

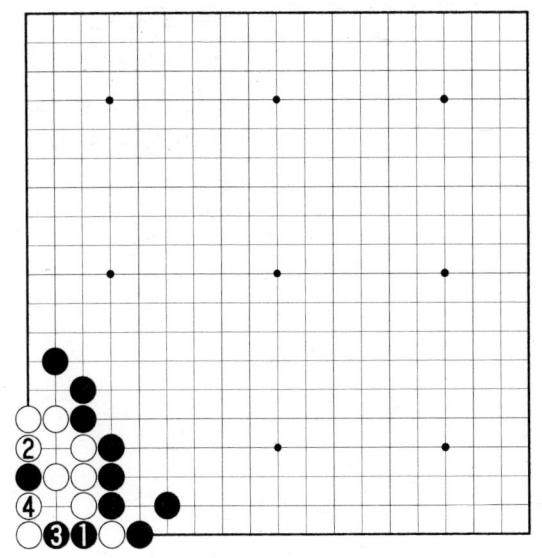

3图 准备好的一手

黑1悄悄地提，白2从后面打是准备好的一手，至白4成活。

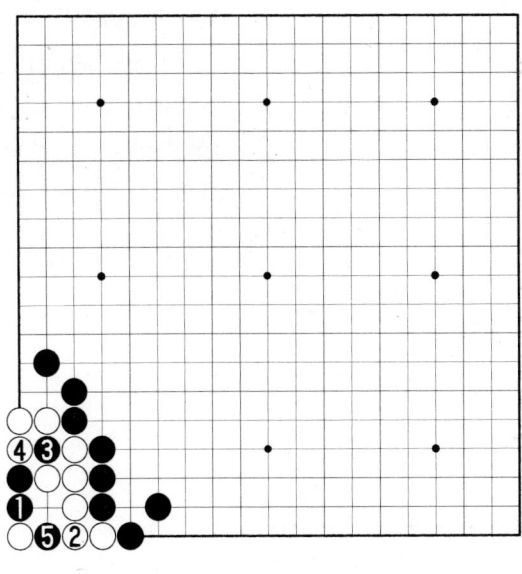

4图 正解

黑1简单地打是好手，白2扩大眼位，黑3沉着，至黑5，白不入气被杀。

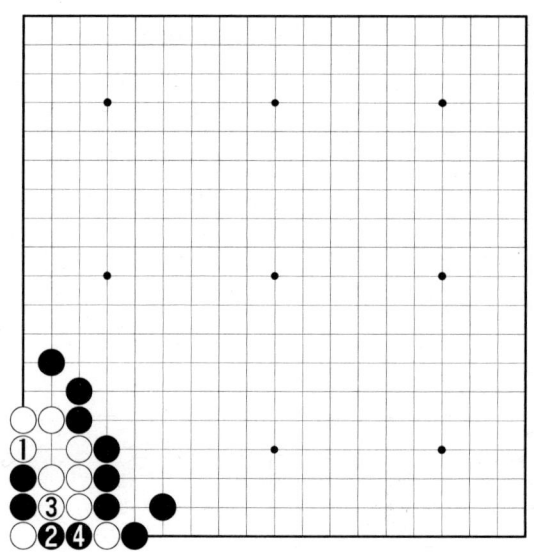

5图 变化

方向变化一下,白打的话,黑2提,白3想避免不入气,则黑4提,白无下一手。

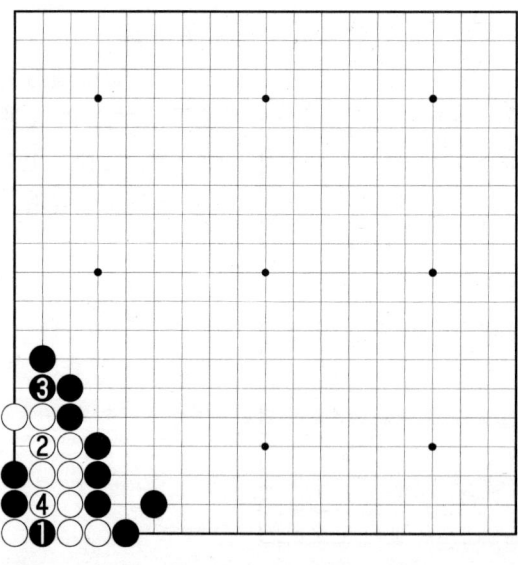

6图 黑的失手

4图中黑3若如本图黑1单提,则白2粘抵抗,黑3从后面紧气,则白4打成劫,要小心。

19. 知巧不用（黑先）

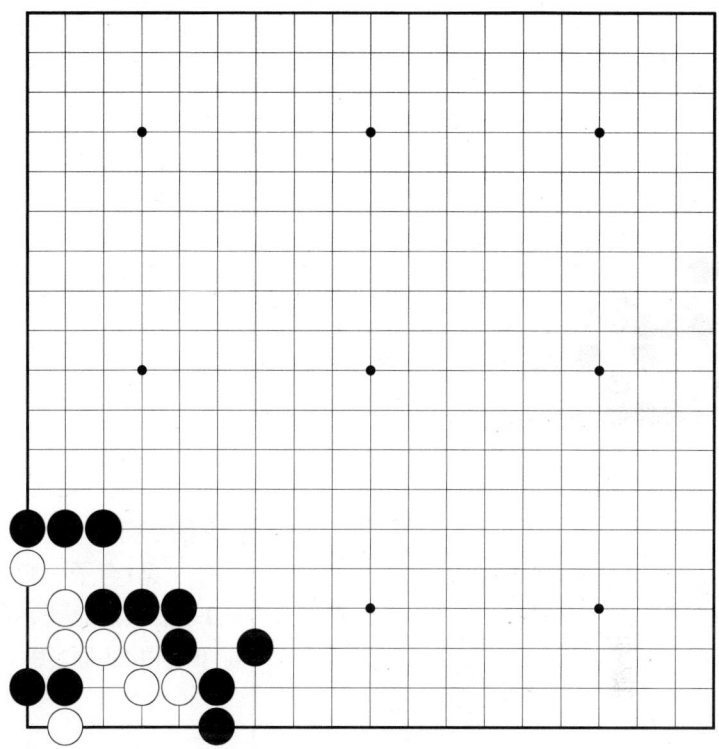

　　势利纷华，不近者为洁，近之而不染者尤洁；智械机巧，不知者为高，知之而不用者尤高。

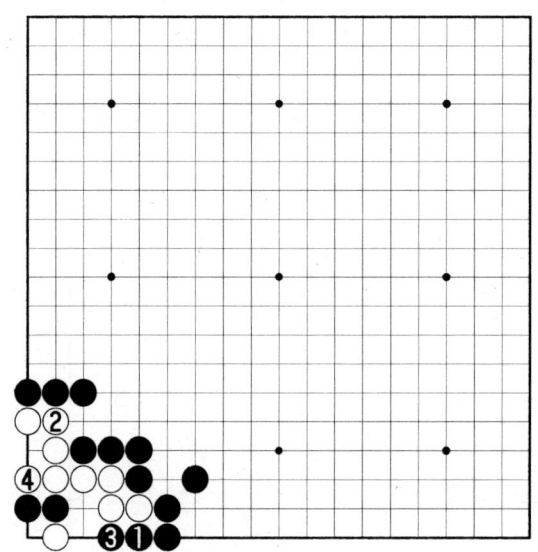

1图 黑的幻觉

简单地黑1爬的话，白有2位扩大眼位的好棋，黑3爬，则白4从后面挡便成活。

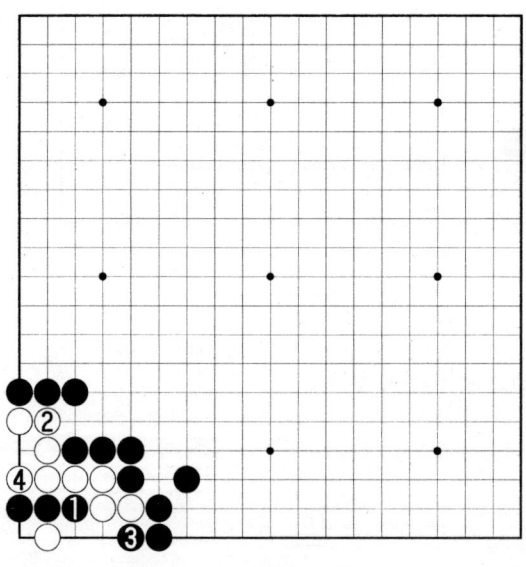

2图 差不多

黑1弃子，则白2是活棋的急所，以下至白4还原1图。

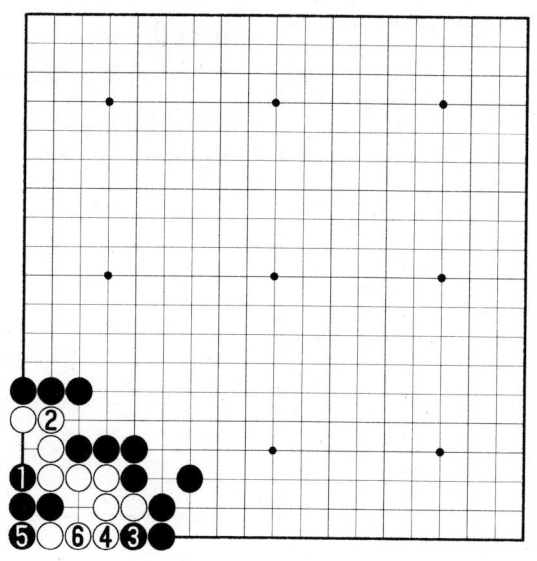

3图 活棋的急所

黑1改变方向，则白2扩大眼位，黑3、5追攻，则白6粘成活。

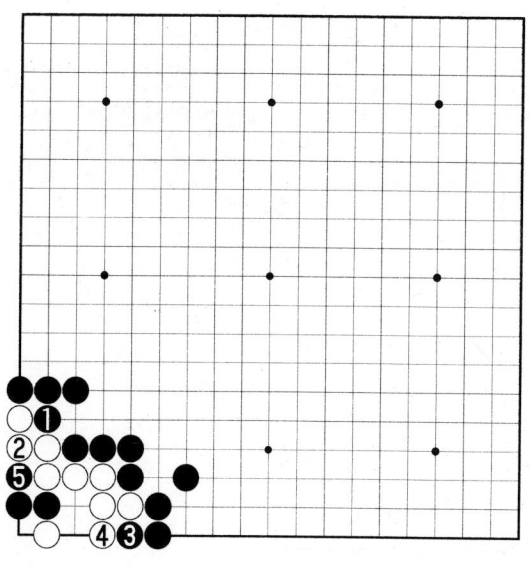

4图 正解

黑1破眼好手，接下来黑3先冲，5多送一子是好棋，白不行。

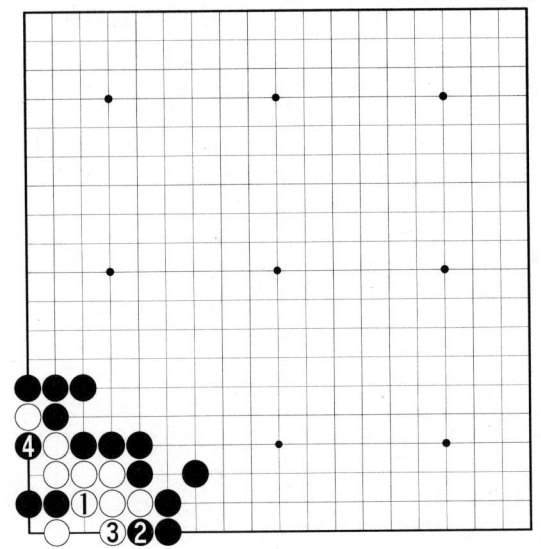

5图 变化

白1抵抗,则黑2爬后4提即可。

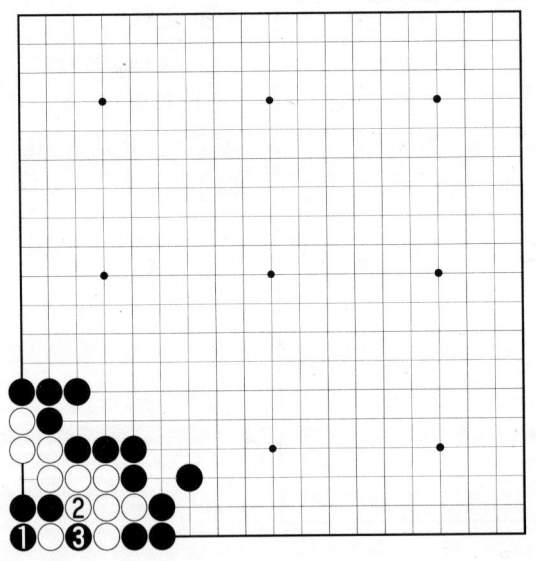

6图 小心

黑1若打,则白有2位打吃的抵抗,黑3提成劫,黑失败。

20. 温心（黑先）

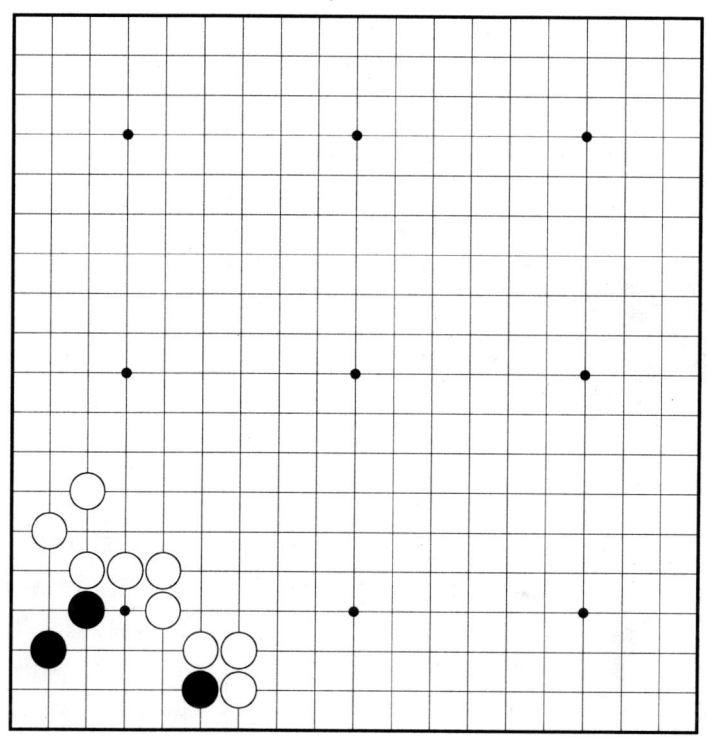

　　天地之气，暖则生，寒则杀，故性气清冷者，受亨亦凉薄，唯和气热心之人，其福亦厚，其泽亦长。

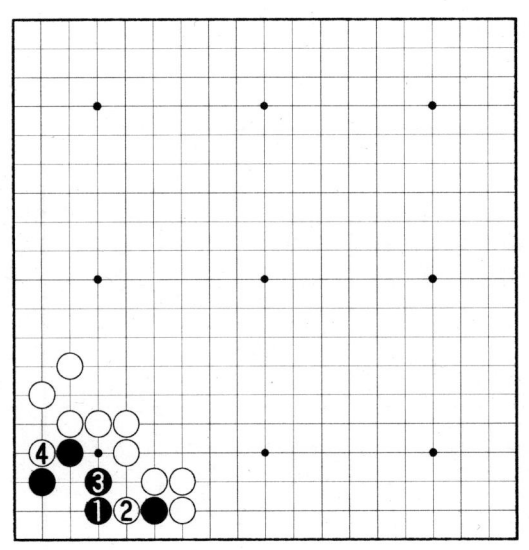

1图 不活

黑1小飞摆出形状,白2吃住一子,4挤,黑不活。

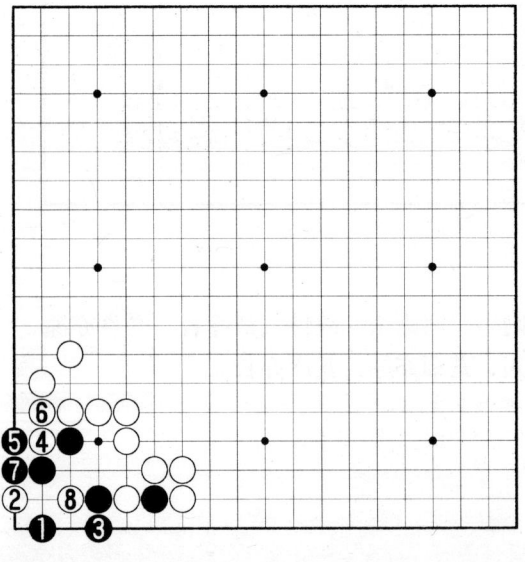

2图 冷静地跳

黑1跳寻求活路,白2点,黑3以下至白8,黑仍无法做活。

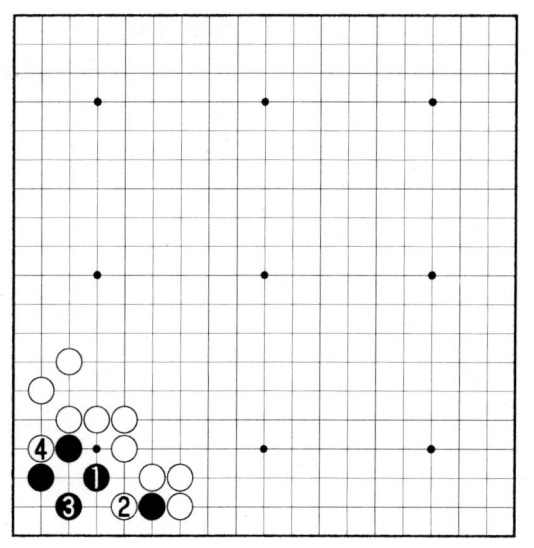

3图 眼位太小

黑1守，则以下至白4，黑眼位太小被杀。

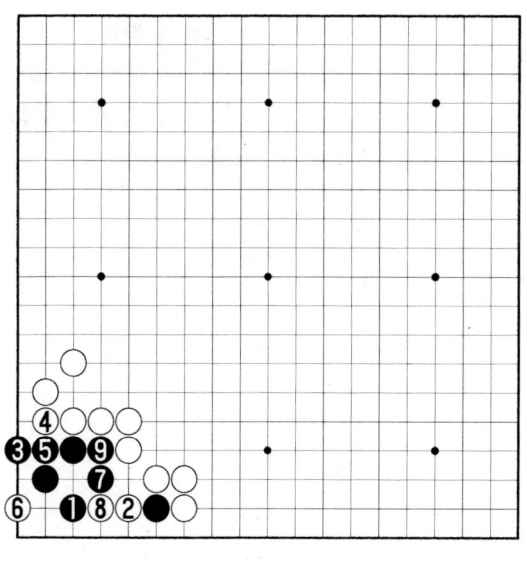

4图 正解

黑1虎，急所。白2打吃，黑3倒虎又是好手，白6点则黑7做眼后成活。

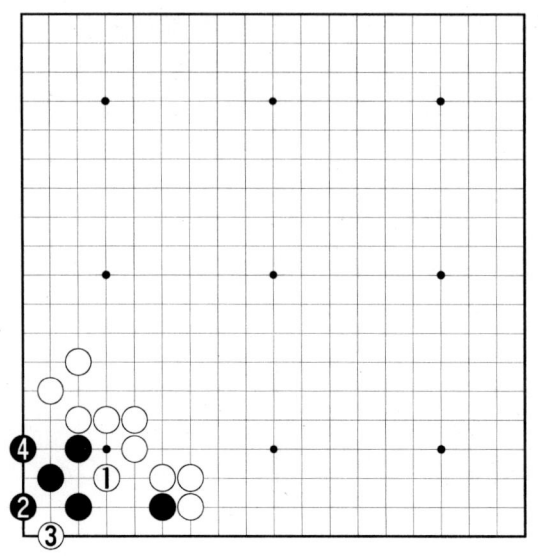

5图 变化Ⅰ

白1破眼则黑2尖好手,白3点则黑4做眼即可。

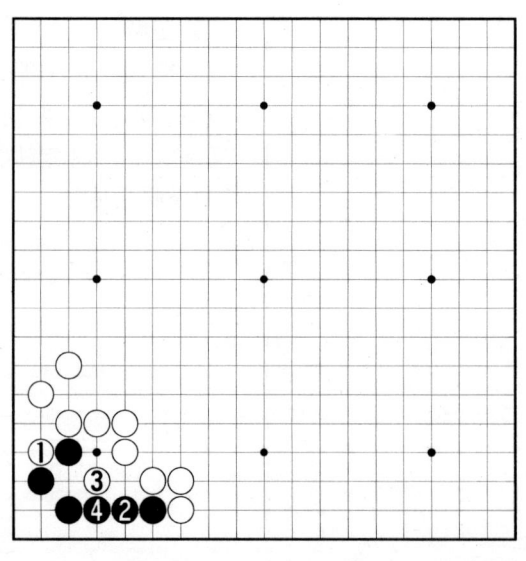

6图 变化Ⅱ

白1挤时,黑2长后4位粘便简单做活。

21. 平和（黑先）

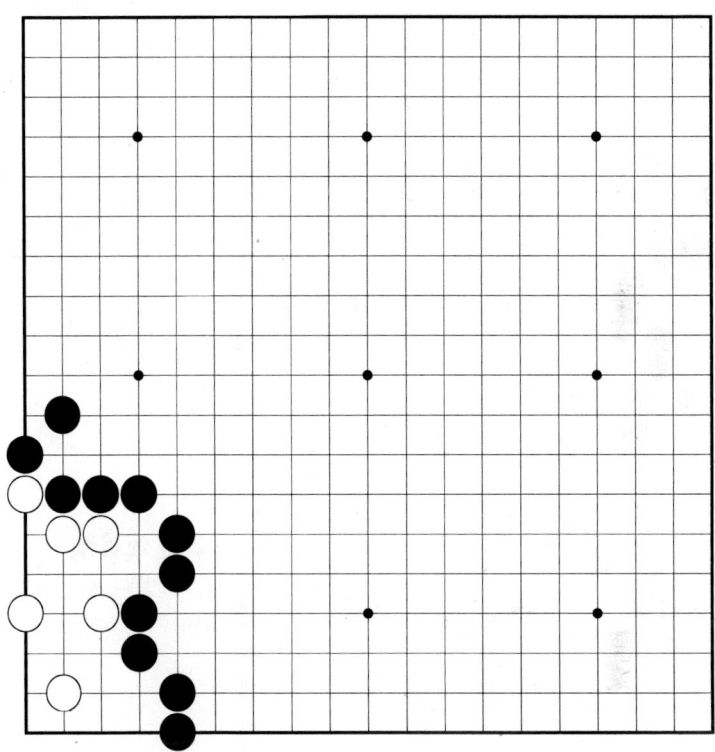

　　躁性者，火炽，遇物则焚；寡恩者，冰清，逢物必杀；凝滞固执者，如死水腐木，生机已绝，俱难建功业而延福祉。

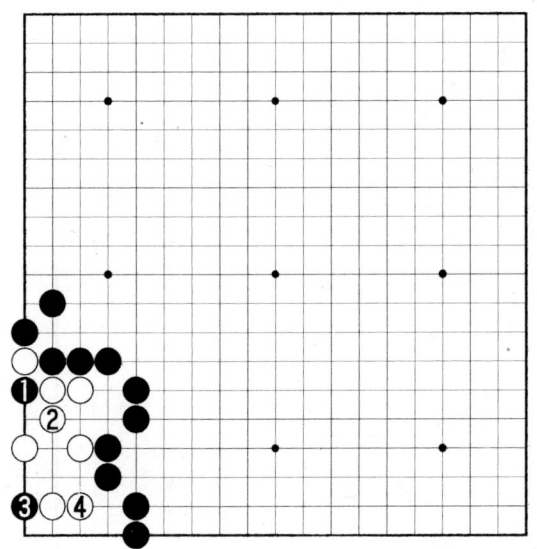

1图 劫则失败

黑1单纯地提则白2退，3托则4并成活。

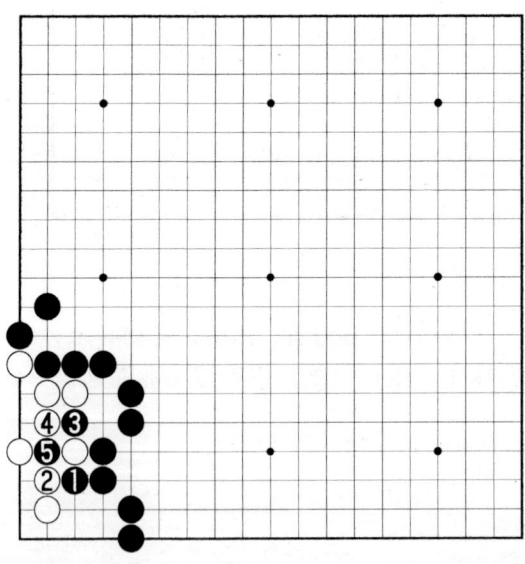

2图 还是劫

黑1冲后3打成劫，黑失败。

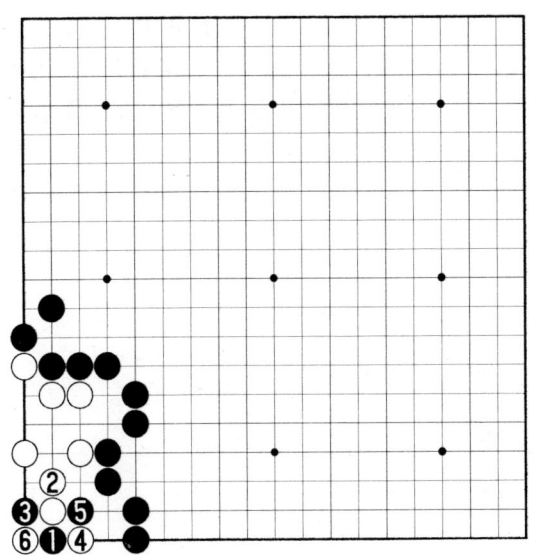

3图 漂亮的一手

黑1托虽然敏锐,但白2的应手也很漂亮,3扳至6仍是劫。

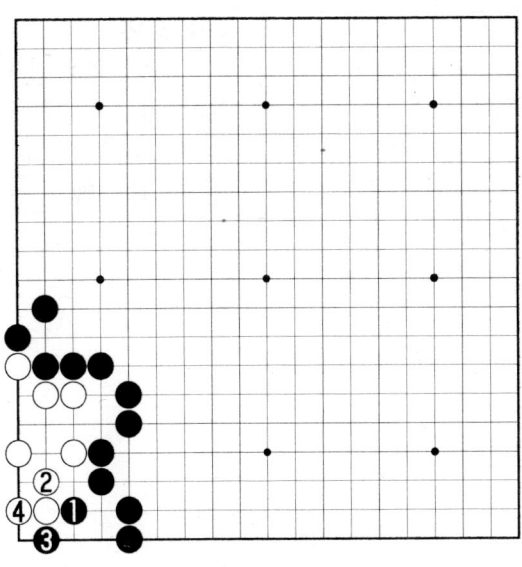

4图 无下一手

黑1、3缩小眼位则2、4对应,黑已无下一手。

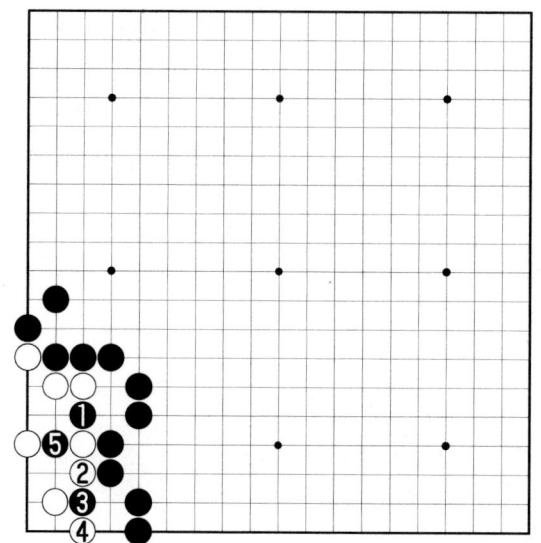

5图 正解

黑1挖是急所，白2挡时黑3挤是巧妙的次序，4打时黑5反打后白无法做活。

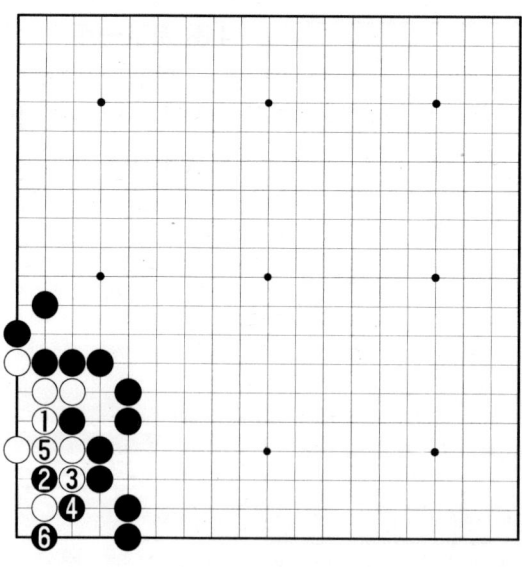

6图 变化

白1直接挡时黑2是好手，白3断开一子后则黑4、6打先手，白失败。

22. 独醒（黑先）

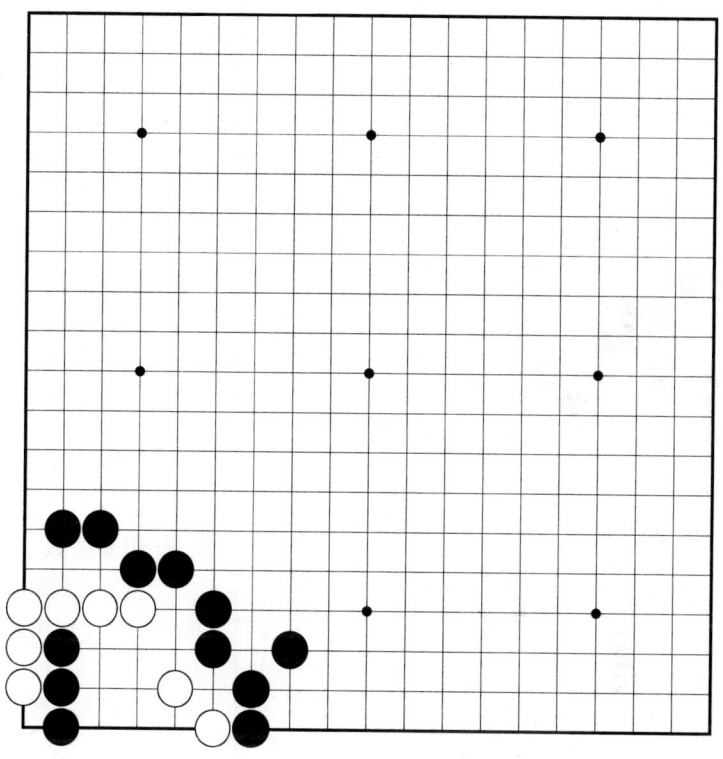

竞逐，听人而不嫌尽醉；恬淡，适己而不夸独醒。

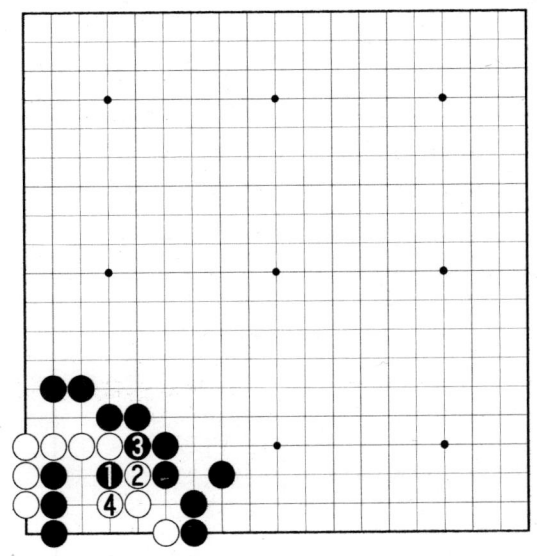

1图 无谋

黑1托的想法无谋，白2、4简明做活。

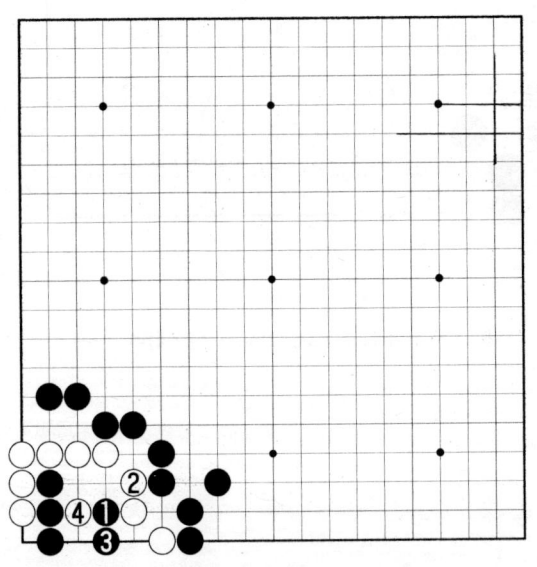

2图 仍是失败

黑1、3靠看似要点，但白4挖便成活。

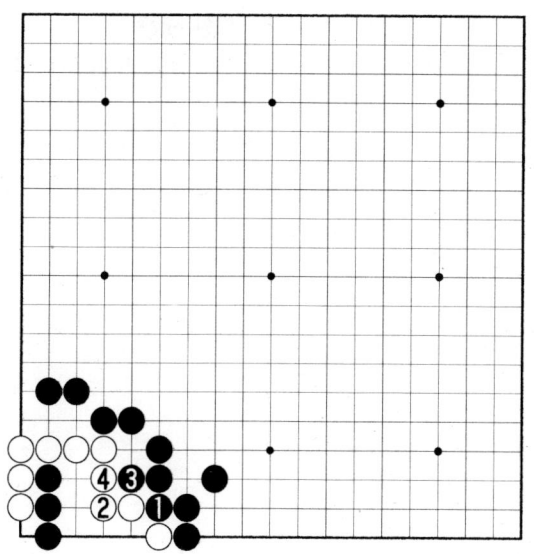

3图 白2沉着

黑1缩小眼位,白2并是沉着的一手。黑3冲则白4粘即可。

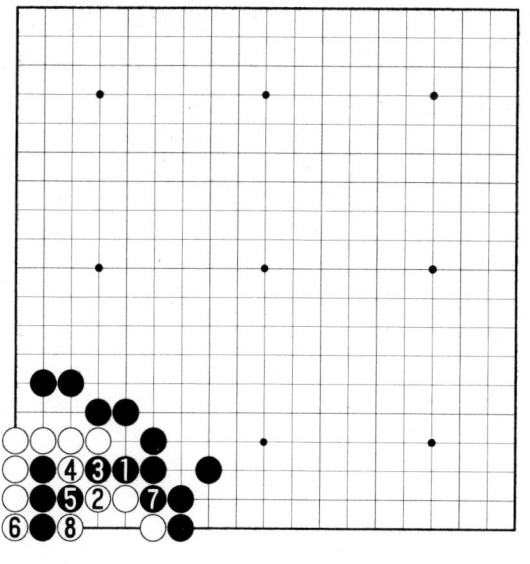

4图 正解

黑1、3冲是急所,白4冲时5送一子是好手,白6、8看似活棋,但……

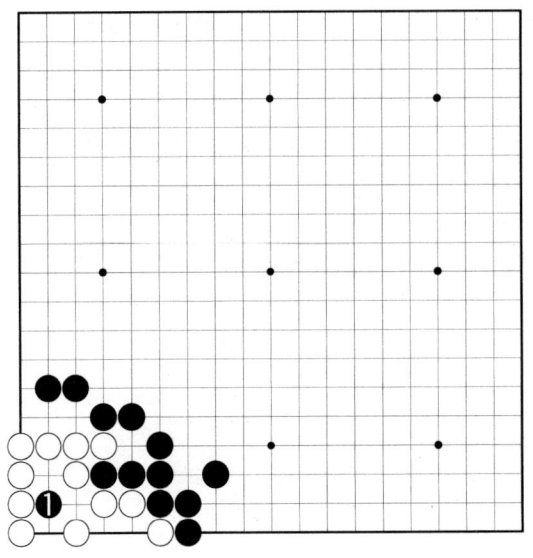

5图 继续

黑1点后白已无活路。

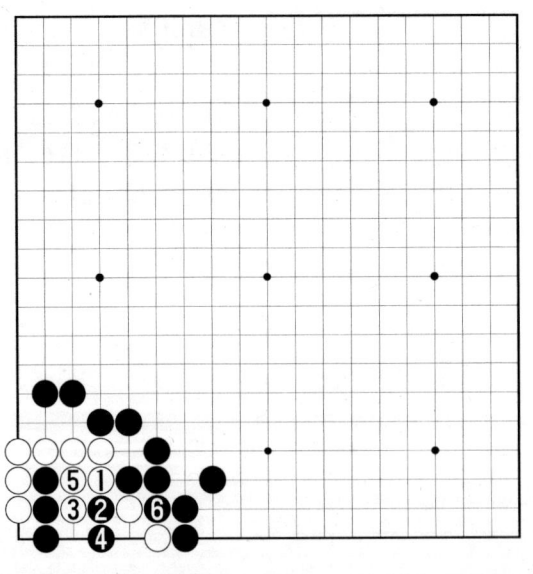

6图 变化

白如1挡则黑2断，3、5看似活棋但黑6打后白无活路。

23. 过而不留（黑先）

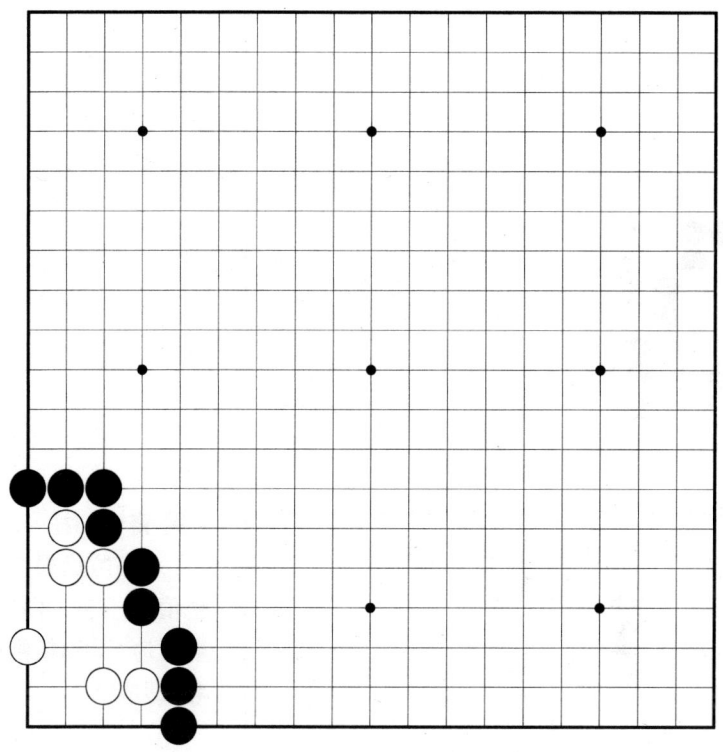

　　耳根，似飙谷投音，过而不留，则是非俱谢；心境，如月池浸色，空而不著，则物我两忘。

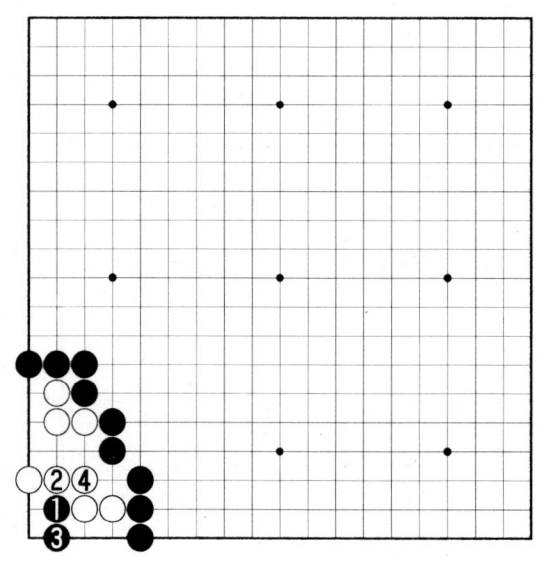

1图 固定的概念

黑1有些死板，白2、4便简单做活。

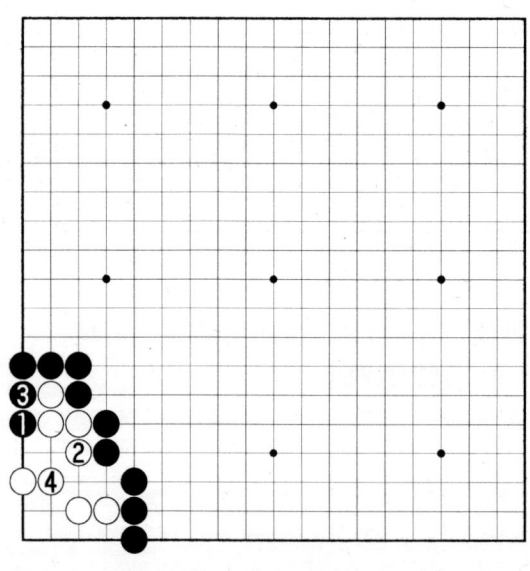

2图 奇怪的托

黑1虽然很怪但也值得一想，白2沉着对应，黑3粘则白4并即成活。

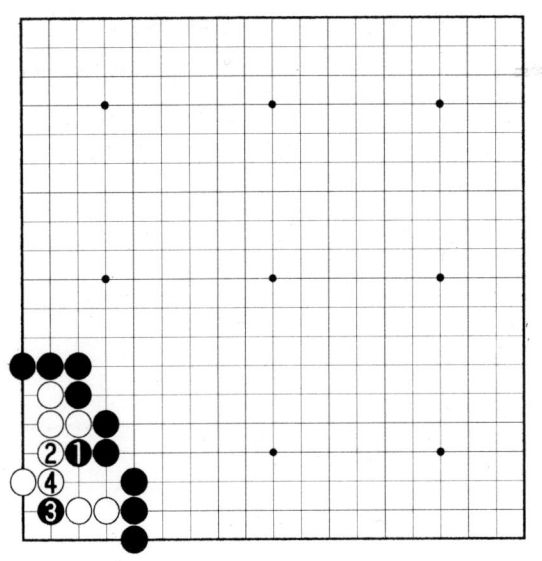

3图 白4沉稳

黑1拐后再靠进去也无用,白有4沉稳的一手。

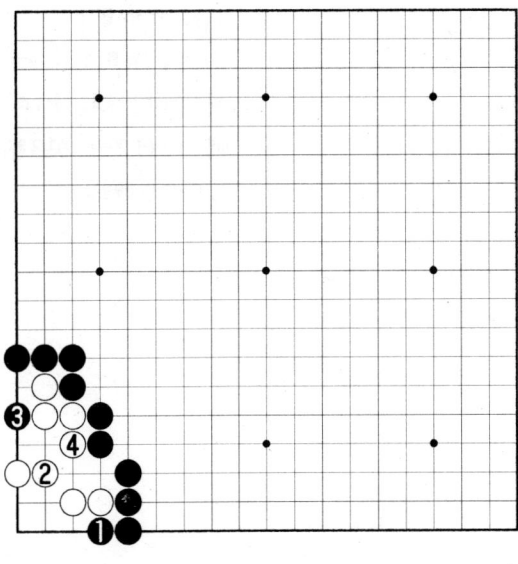

4图 黑失败

黑1拐也是一手,白2是准备好的应手,3托时白4好手,白净活,黑失败。

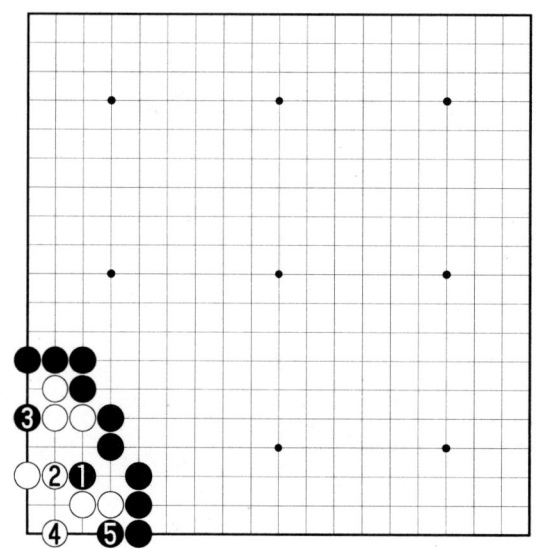

5图 正解

黑1尖顶是比较难想的手顺，白2顶时黑3再托是好手，白4虎则5拐。

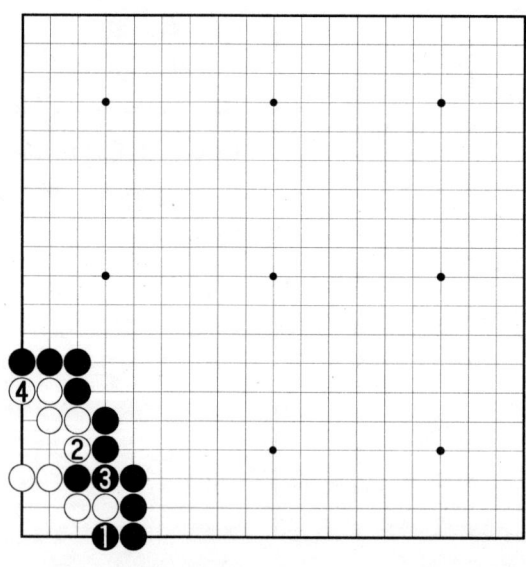

6图 黑的失手

上图黑3如于本图1位拐变换次序，则白2打吃，黑3粘时白4挡成活。

24. 弃妄现真（黑先）

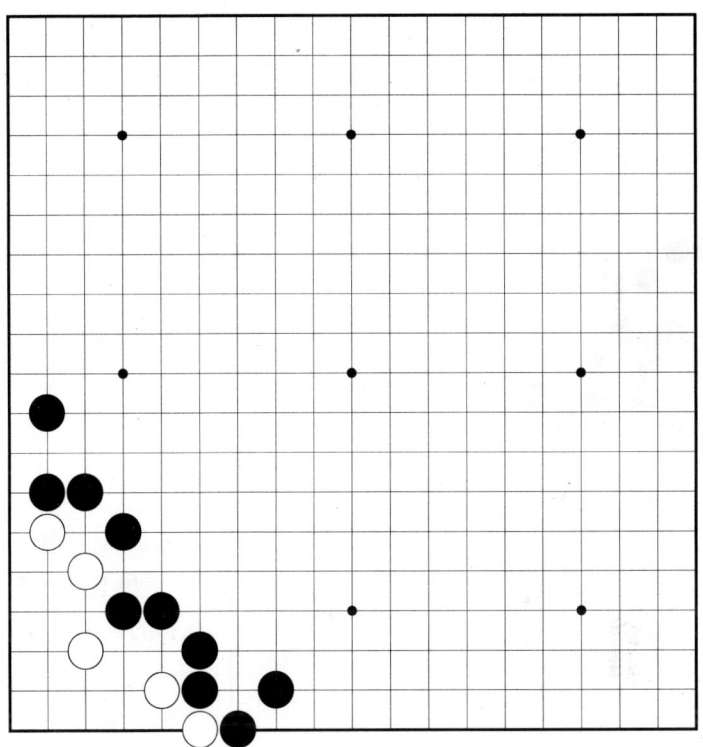

矜高倨傲，无非客气，降伏得客气下，而后正气伸；情欲意识，尽属妄心，消杀得妄心尽，而后真心现。

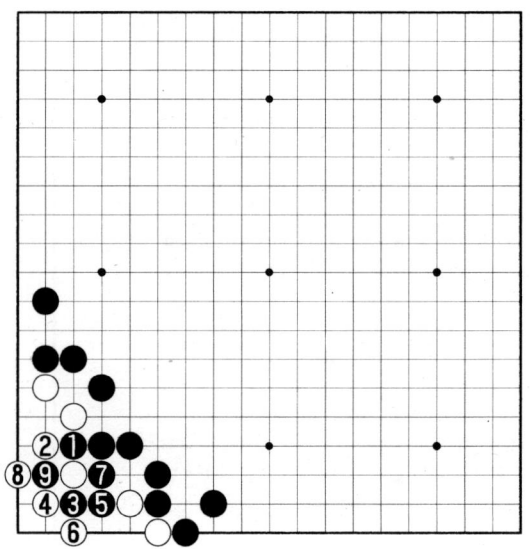

1图 劫则失败

黑1冲后3夹是好感觉,但白6扳后8做劫是好对应,劫则黑失败。

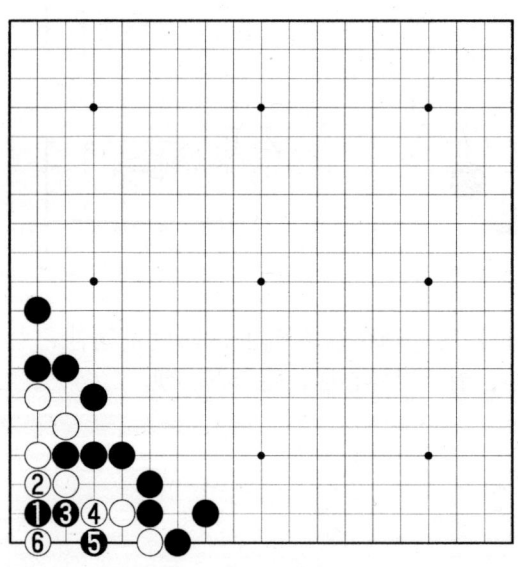

2图 点也无谋

黑1点也不行,白6的好手在等着。

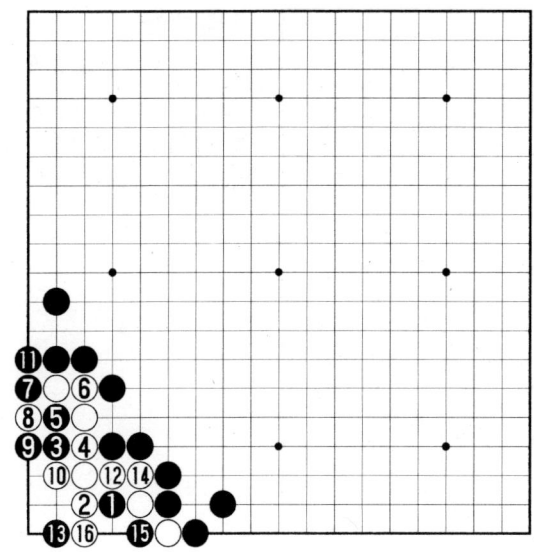

3图 冷静的对应

黑1、3的话，至白10先手交换后12吃住一子即成活，黑13则14、16冷静应对。

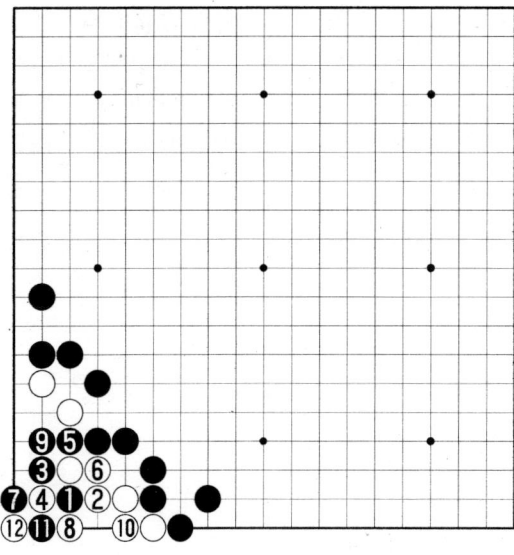

4图 仍是劫

单纯地黑1靠则白2至黑5吃一子抵抗，至白12成劫。

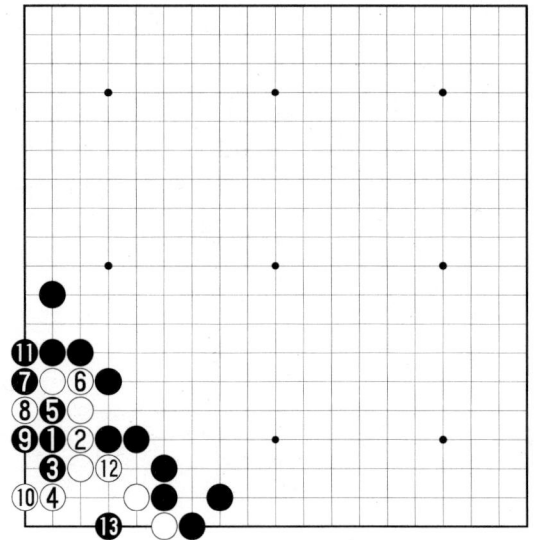

5图 正解

黑1先点是正确的路，白2粘时黑3爬是强手，白4以下至白12必然，黑13杀死白棋。

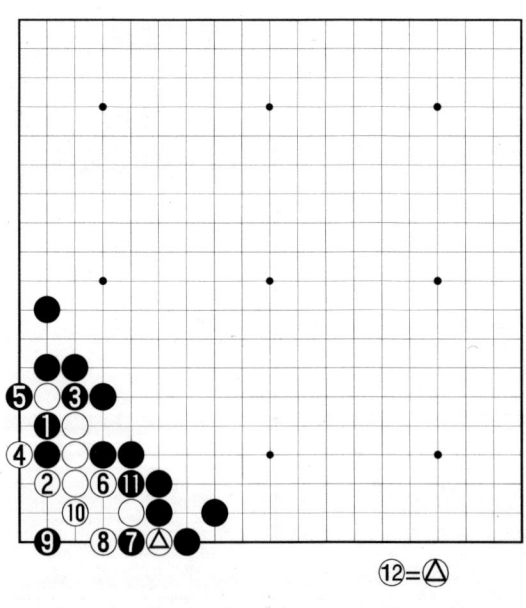

⑫=△

6图 手顺的错误

黑1单走的话则白2至6抵抗，黑缩小眼位后9点至12还是成劫。

25. 舍己施人（黑先）

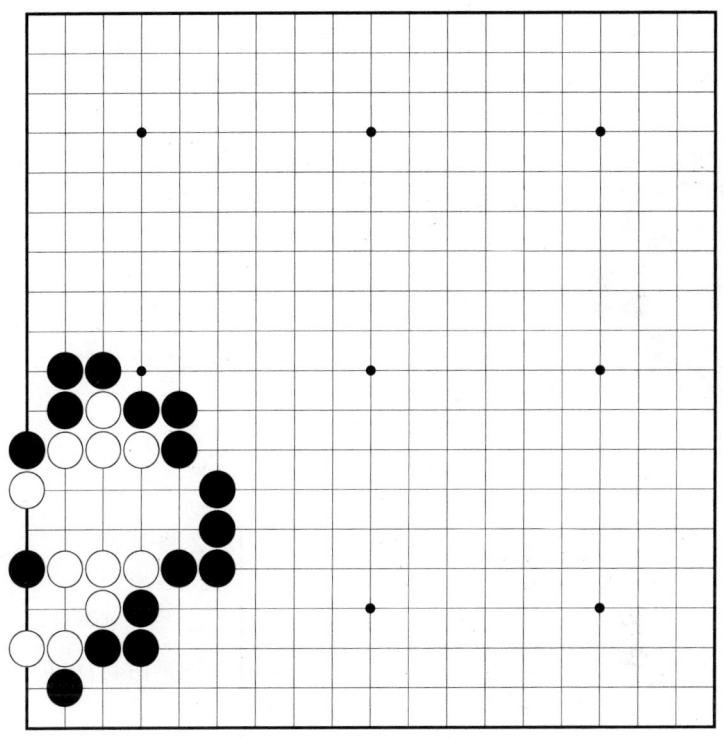

舍己，毋处其疑，处其疑，即所舍之志多愧矣；施人，毋责其报，责其报，并所施之心俱非矣。

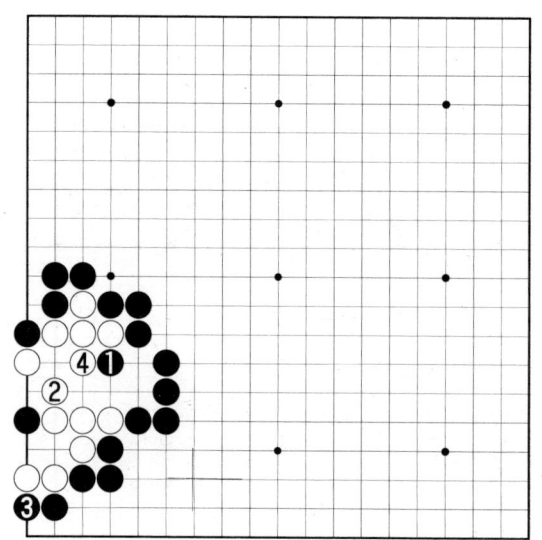

1图 黑轻率

黑1平凡地扳,则白2沉着应对,3从后挡则白4后做出一只眼成活。

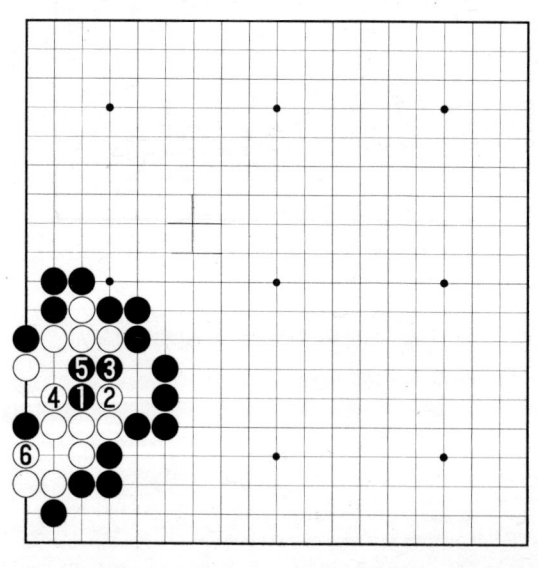

2图 离奇

黑1靠是离奇的一手,白2挡,黑3挖则白4打即可。

3图 性急Ⅰ

黑1是性急的一手，白2提后粘即可。

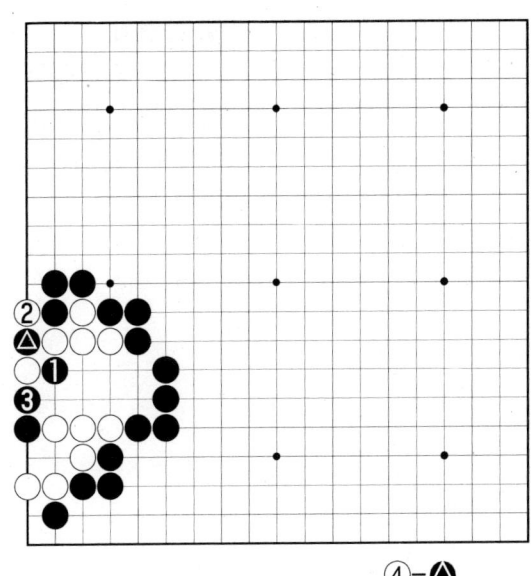

④=▲

4图 性急Ⅱ

黑1扳则白2挡，3的话白4沉着应对，黑仍失败。

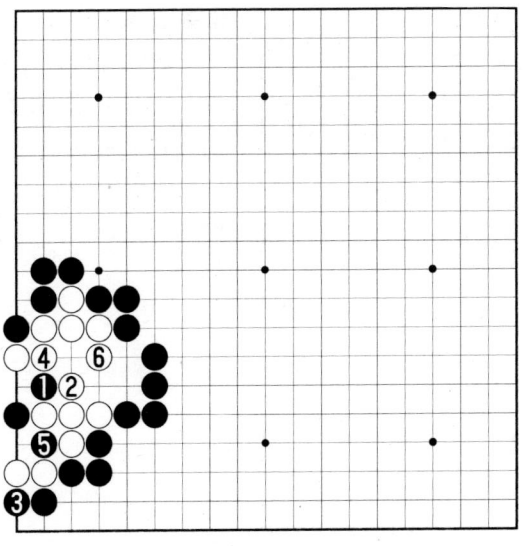

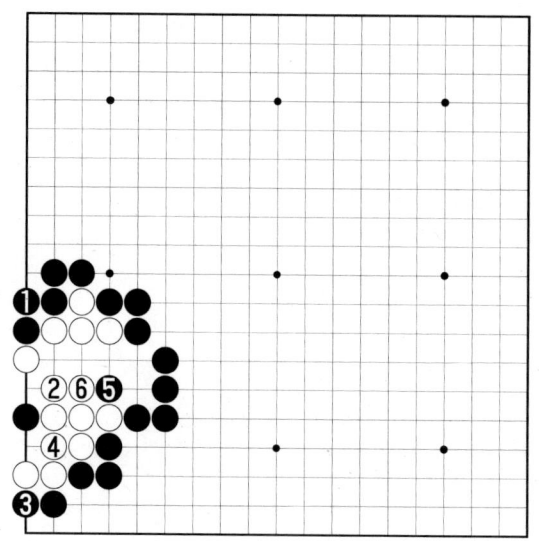

5图 性急Ⅲ

黑1安静地粘，则白2做出两只眼，黑3挡则白粘上，白已成活。

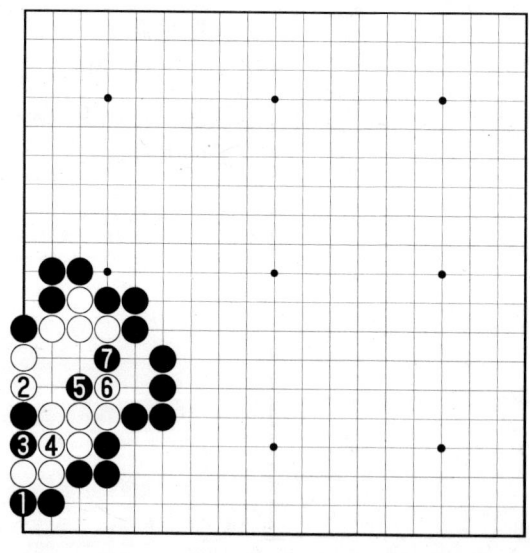

6图 正解

黑1挡是好手，白2打必然，黑3、白4后黑5靠是妙手，白6则黑7，白无法做活。

特色问题1（黑先）

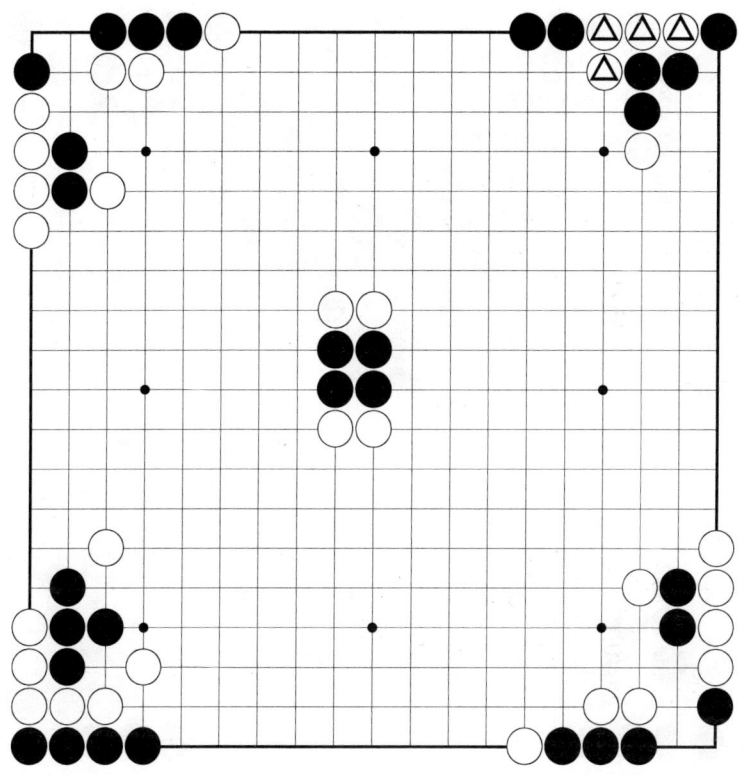

就像漂亮的蝴蝶飞在花朵里一样。其完成过程是一本道，一条黑白双方的必经之路。

1 图 正解

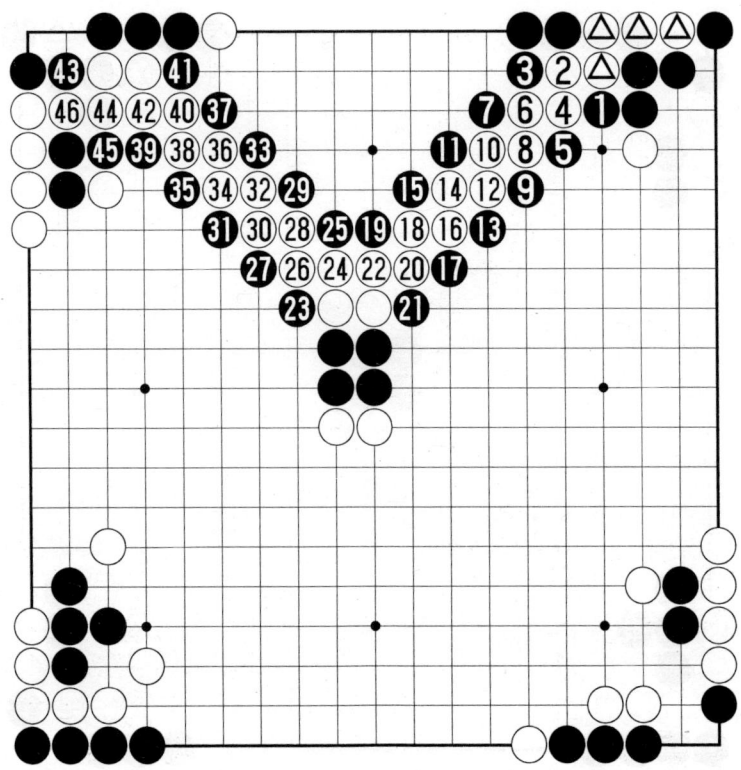

2图 正解续Ⅰ

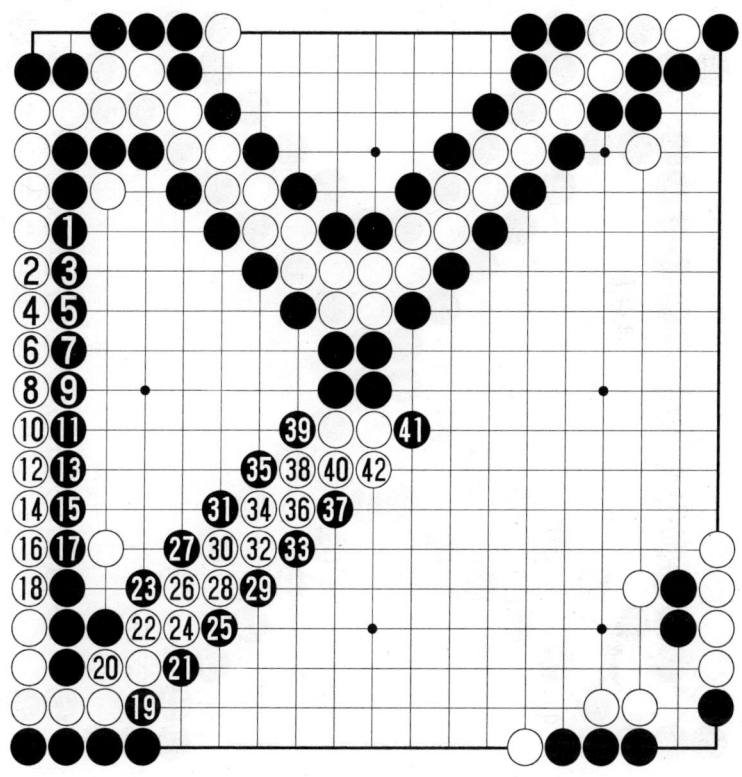

3 图 正解续 Ⅱ

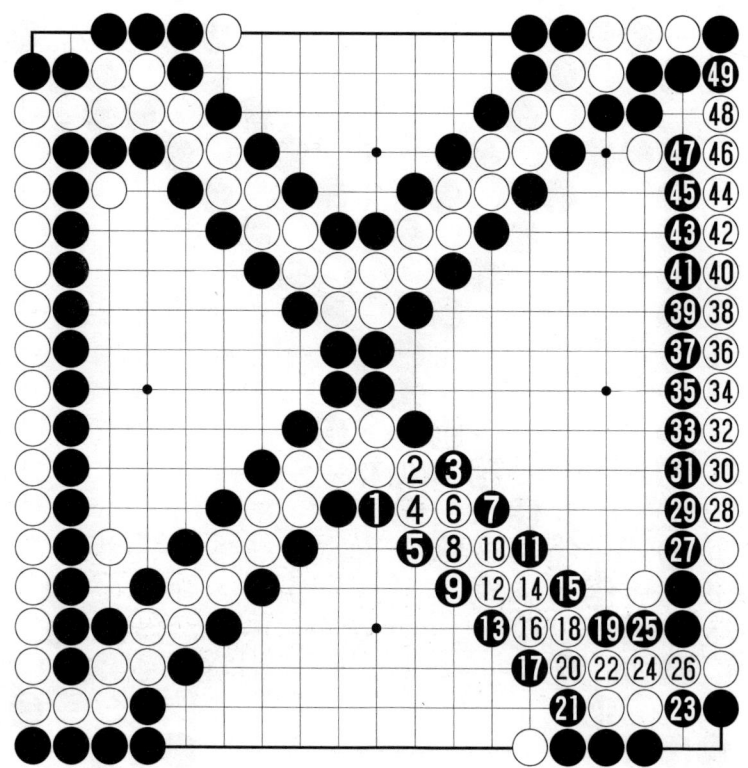

完成图

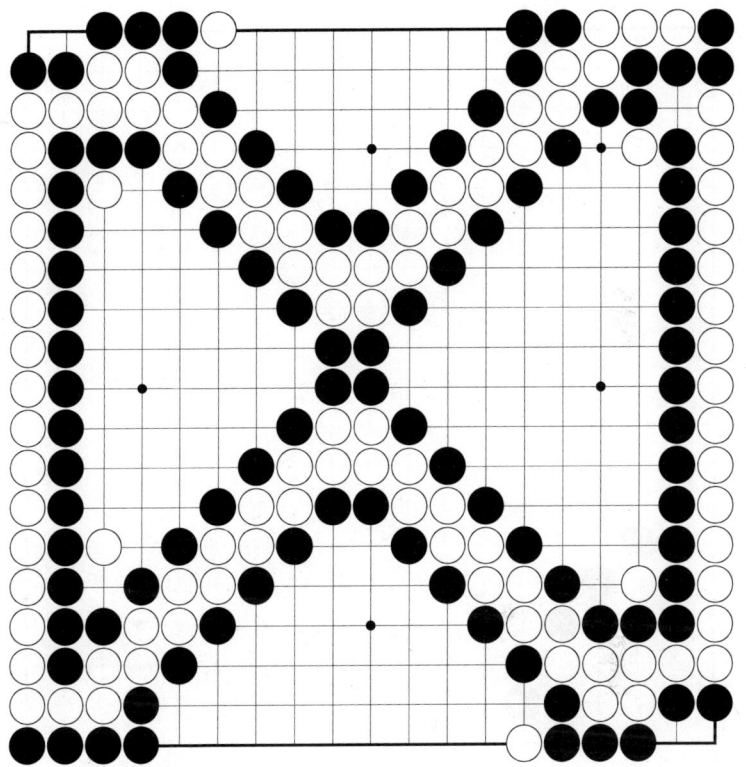

26. 浑噩澹泊（黑先）

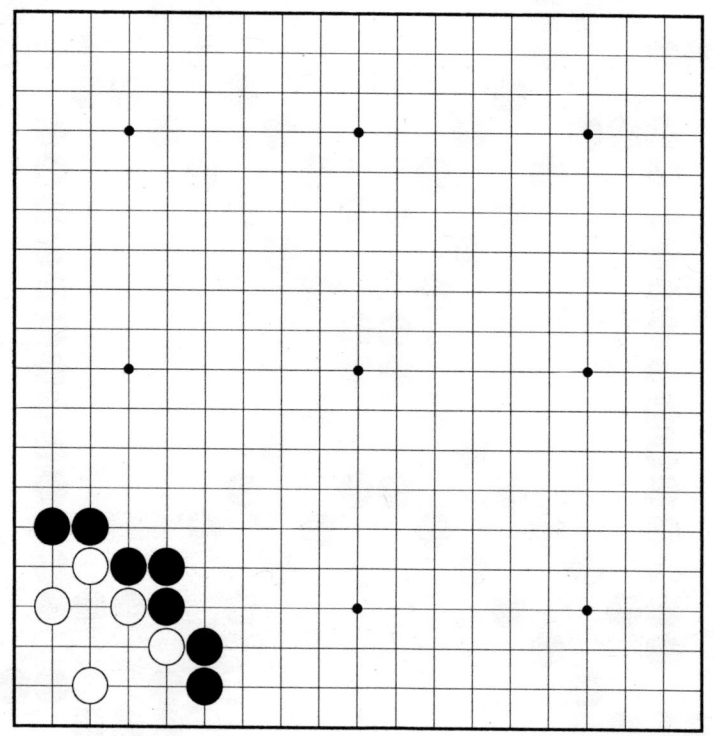

　　宁守浑噩而黜聪明，留些正气还天地；宁谢纷华而甘澹泊，遗个清名在乾坤。

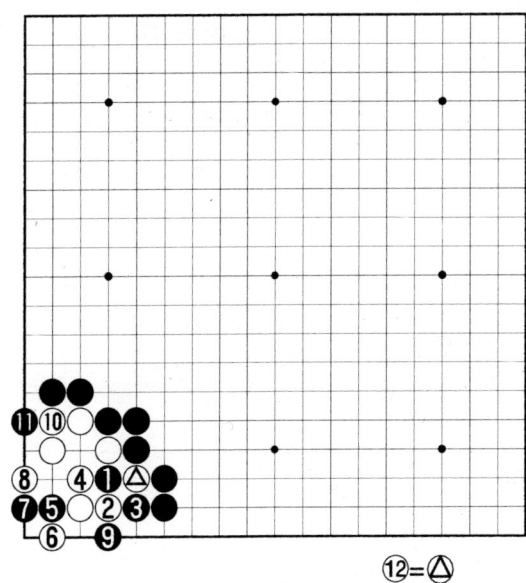

1图 结局是劫

黑1、3吃后5靠至12无法避开打劫，黑失败。

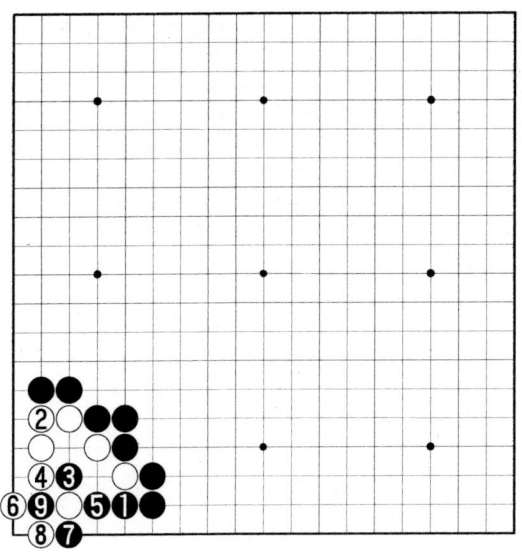

2图 劫

黑1从下面打则白2团，虽然看似不相干却是好手。黑3靠后5顶，则6至9成劫。

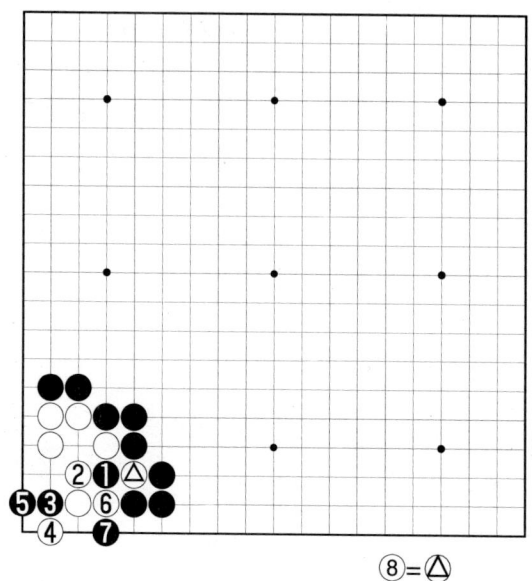

3图 依旧是劫

黑1提后至白8依旧成劫。

⑧=△

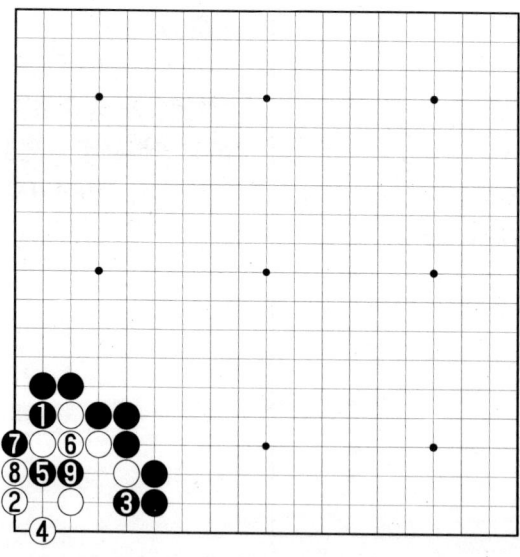

4图 正解

黑1从这边打是急所，白2跳的话，黑3再机敏地打，巧妙，白4做眼则黑5至9白便无法成活。

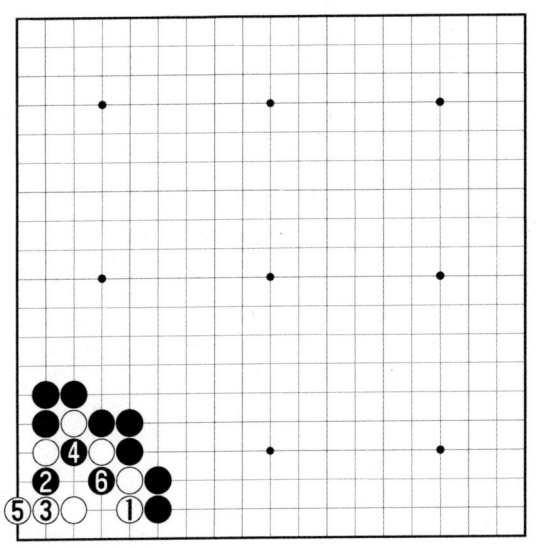

5图 变化Ⅰ

白1扩大眼位则黑2至6应对,白无法做活。

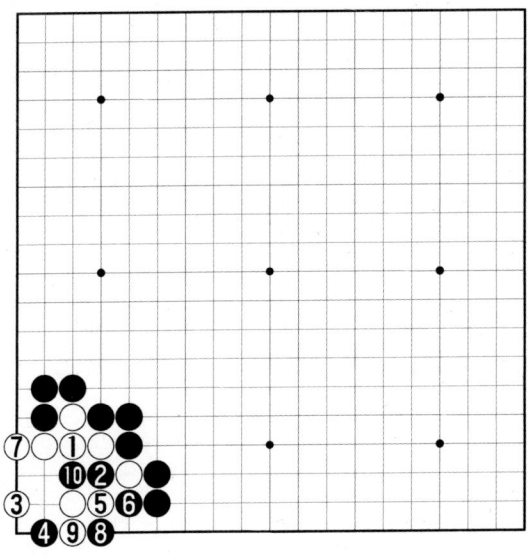

6图 变化Ⅱ

白1粘则黑2缩小眼位,以下至白10仍是净死。

27. 坚守之道（黑先）

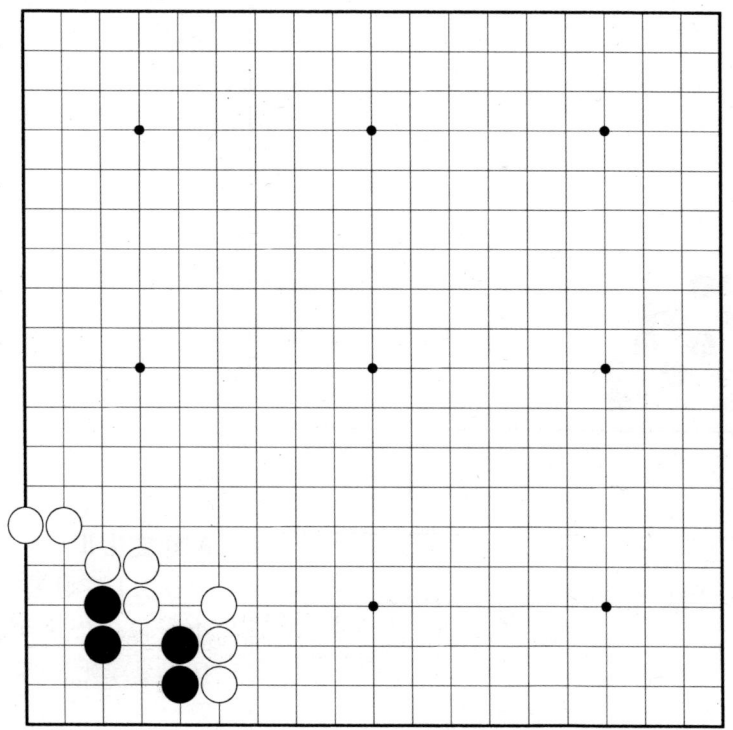

　　欲路上事，毋乐其便，而姑为染指；一染指，便深入万仞。理路上事，毋惮其难，而稍为退步；一退步，便远隔千山。

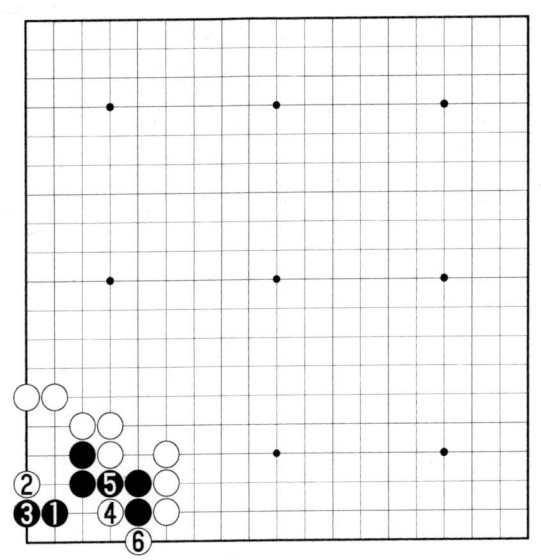

1图 没有活路

黑1想做活,但白2是好手,黑3挡则白4、6便看不见活路了。

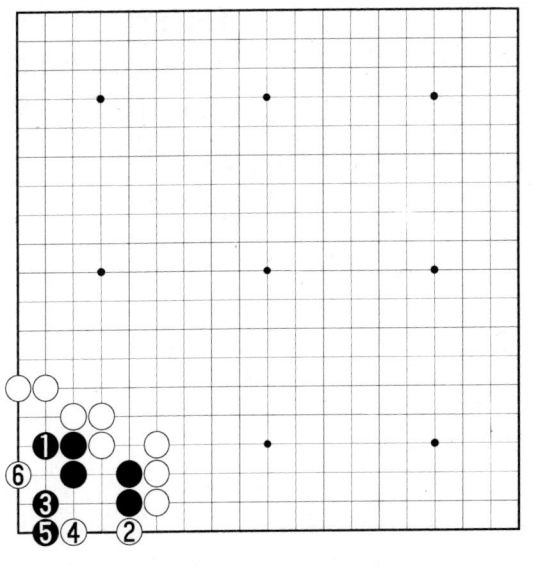

2图 太平凡

黑1单纯扩大眼位则白2扳,黑3则4跳后6点即可,黑失败。

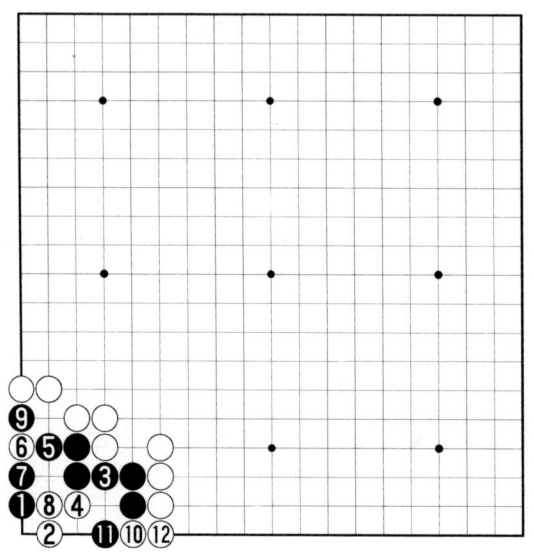

3 图 "急所"

黑1飞走歪了，看似急所，但白2点后4顶漂亮，至11黑虽努力做活，但12粘后还是不行。

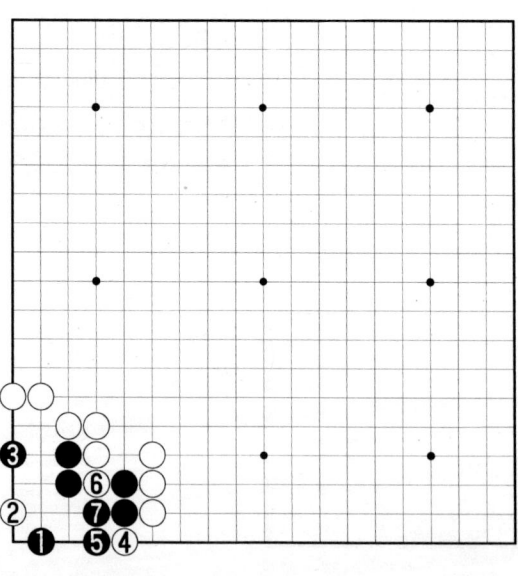

4 图 正解

黑1飞是真正的急所，白2点时3跳即可成活。

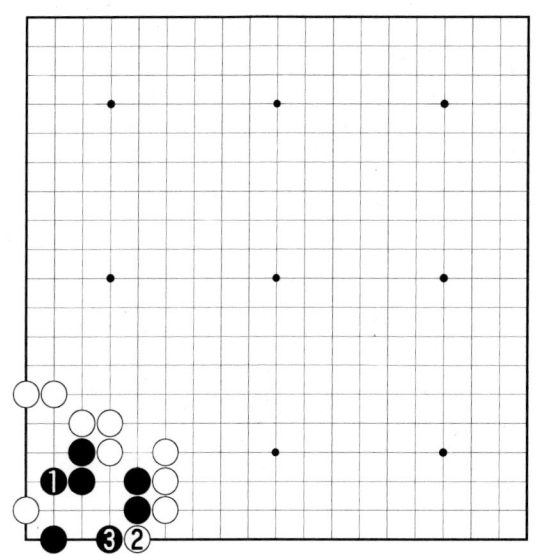

5图 变化 I

黑1弯和4图同样做活。

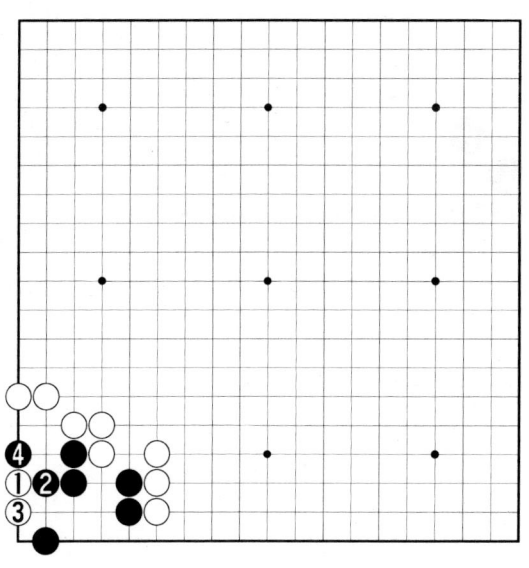

6图 变化 II

白1大跳的话则黑2顶,3长则黑4挡即可。

28. 智巧勿恃（黑先）

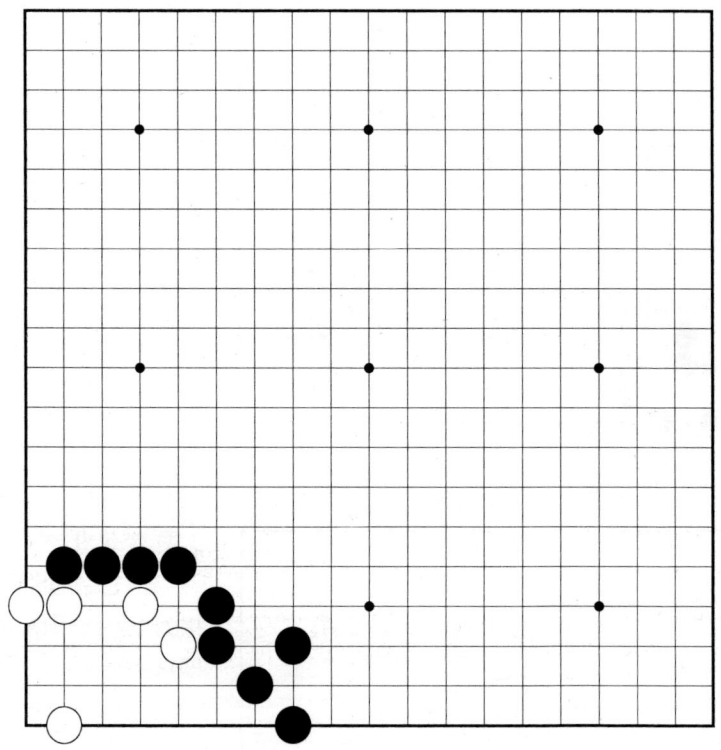

　　鱼网之设，鸿则罹其中；螳螂之贪，雀又乘其后。机里藏机，变外生变，智巧何足恃哉！

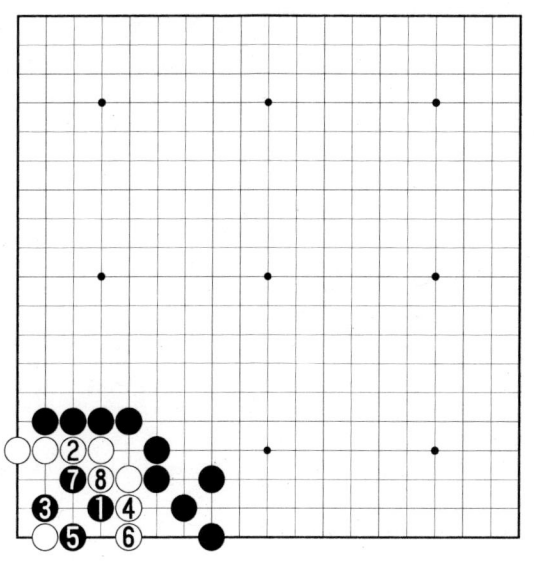

1图 手段变多

黑1像急所,但白2粘后至8白手段太多了,黑无理。

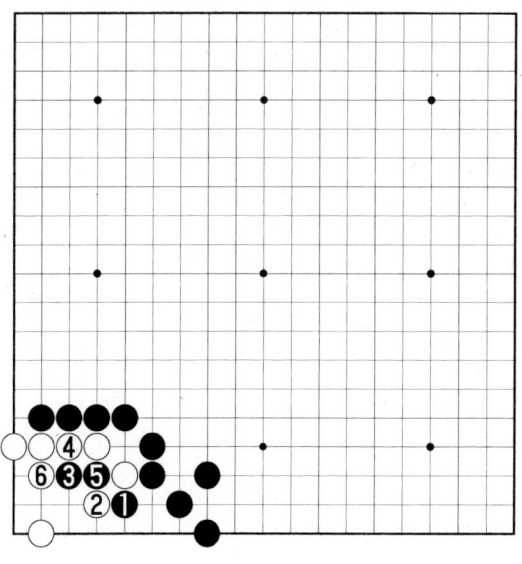

2图 轻松做活

黑1单纯扳则白2挡,黑3点则白4、6轻松做活。

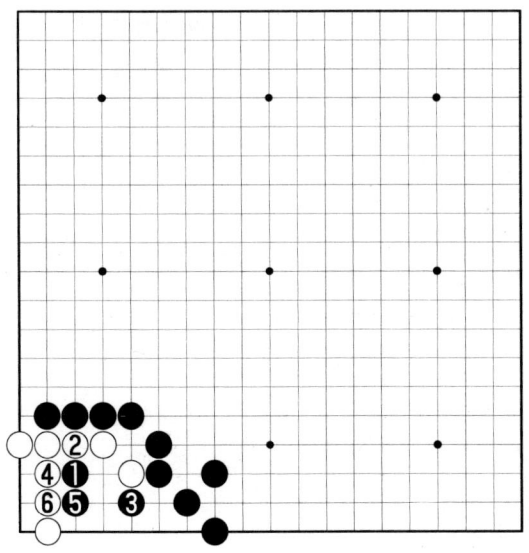

3图 失败

黑1点太大意,白2、4简单做活。

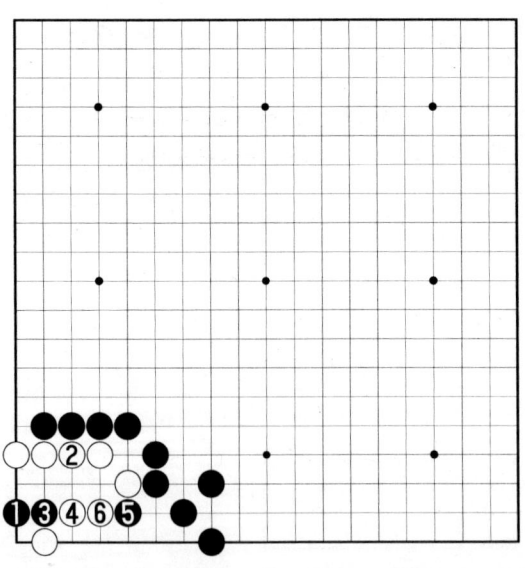

4图 手顺错误

黑1点手顺错误,白2、4也简明做活。

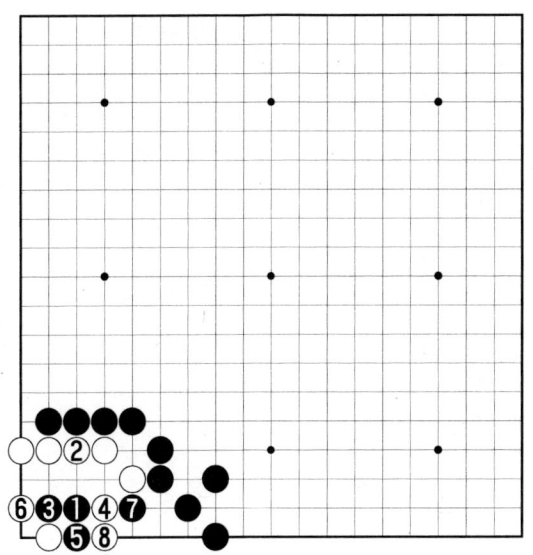

5图 粘的好手

黑1点则白2单粘好手,黑3压后至8是必然的应对,然后……

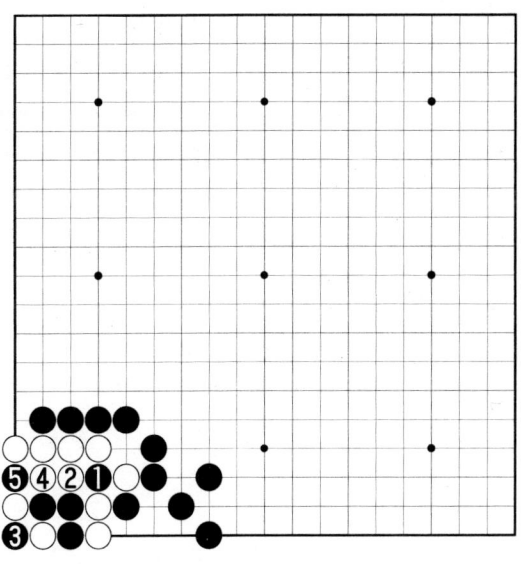

6图 缓气劫

接5图黑1扑后3提看似成功,但白4冷静地应对,5提后形成缓气劫而失败。

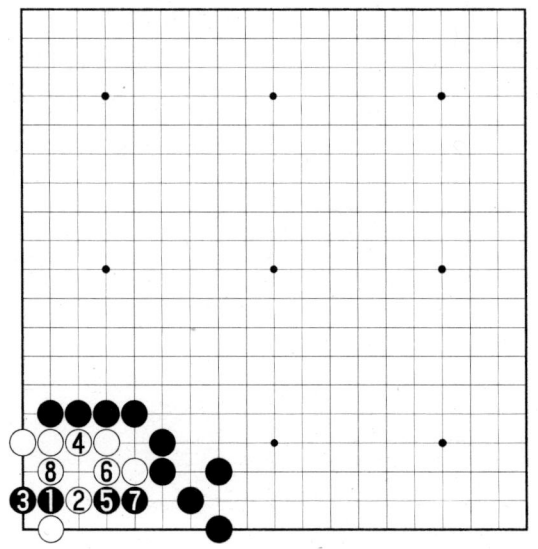

7图 用意深远的团

黑1则白2挡,3立则4后6团的好手在等待着,黑不行。

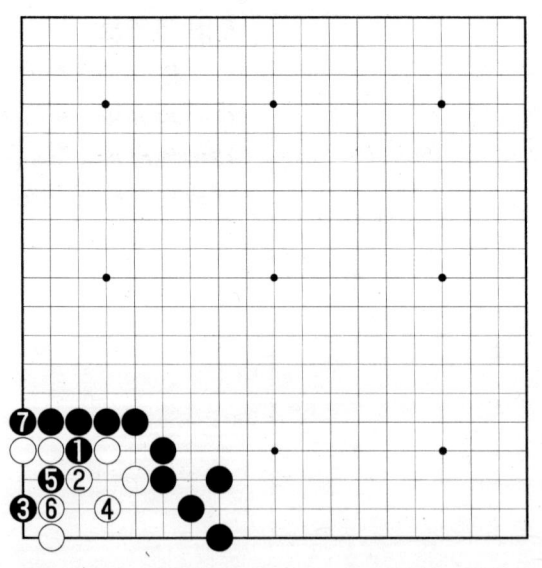

8图 正解

黑1冲是不容易想到的一手,白2挡的话则3点,4至6抵抗则7打吃,然后……

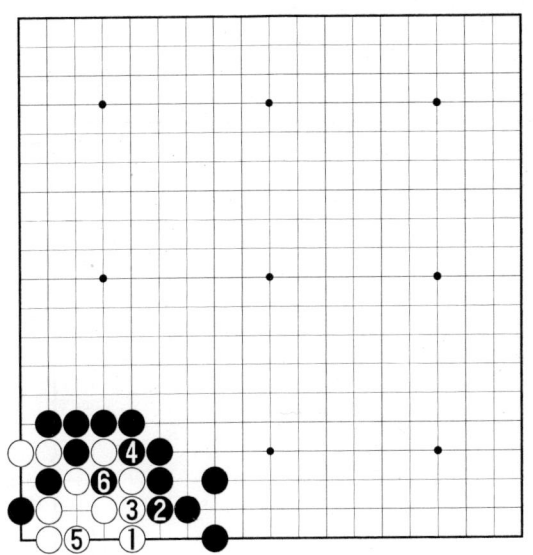

9图 劫

白1虽是最强抵抗，但黑2至4打、6提成劫是正解。

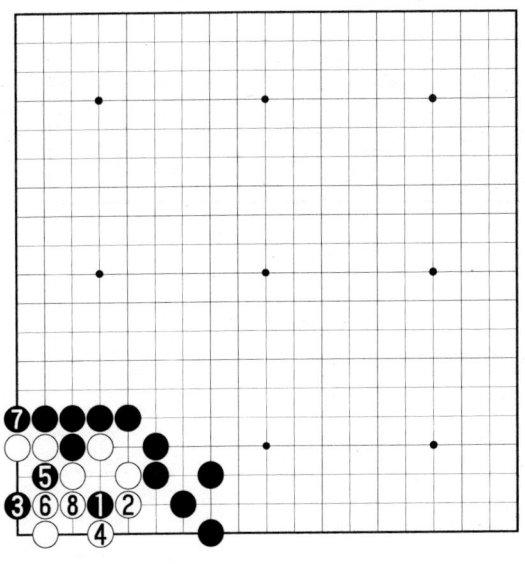

10图 方向错误

黑1点方向错误，白2挡后4扳的反击在准备着，5吃住两子至8也是活棋。

29. 天理人欲（黑先）

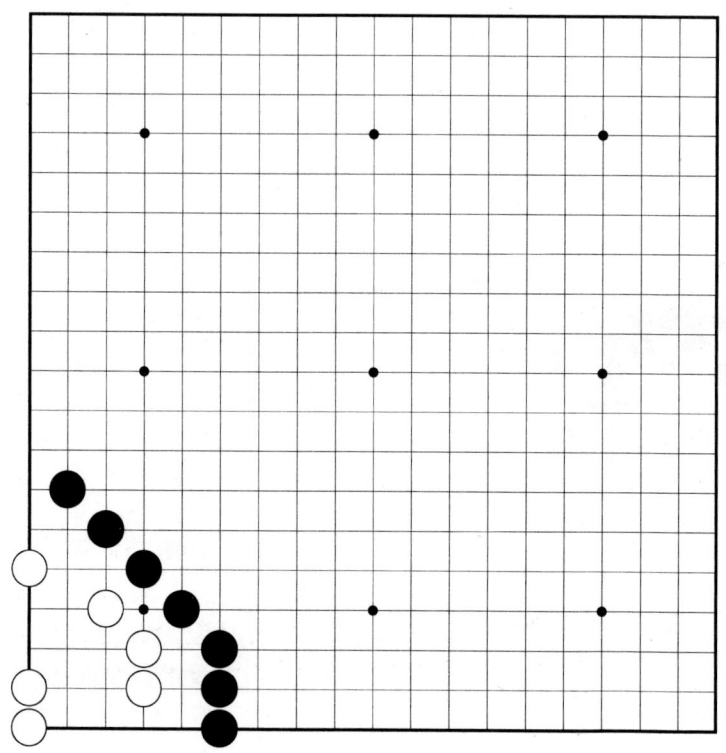

　　天理路上甚宽，稍游心，胸中便觉广大宏朗；人欲路上甚窄，才寄迹，眼前俱是荆棘泥途。

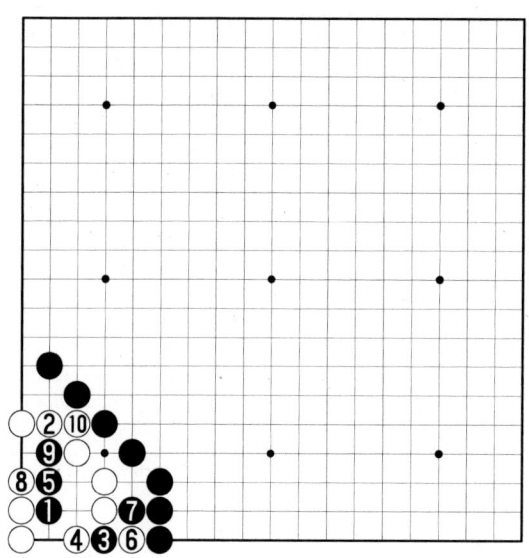

1图 双活

黑1是急所，但白2扩大眼位，3、5追击则白6提后8爬，9挤则10粘成双活。

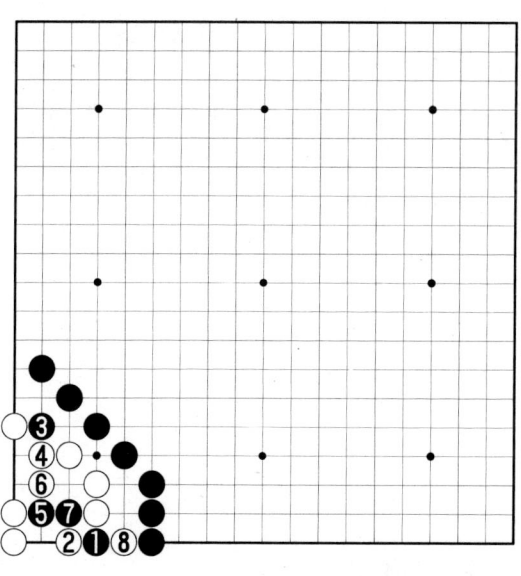

2图 见合

黑1如托下边则白2挡，3破眼后5靠，7打则8形成见合，黑失败。

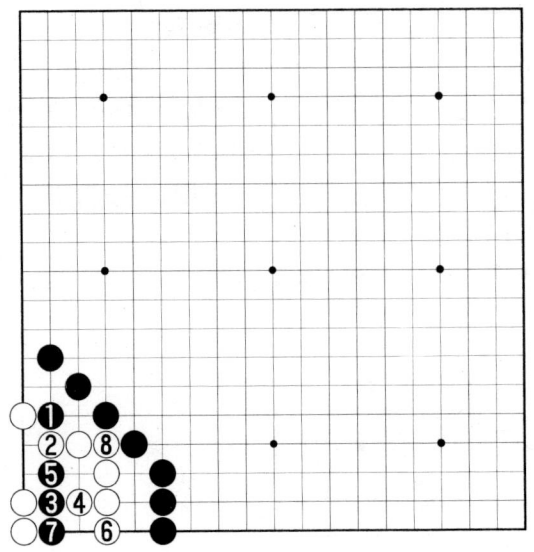

3图 正解

黑1缩小眼位后3靠是好次序。白6、8扩大眼位看似双活……

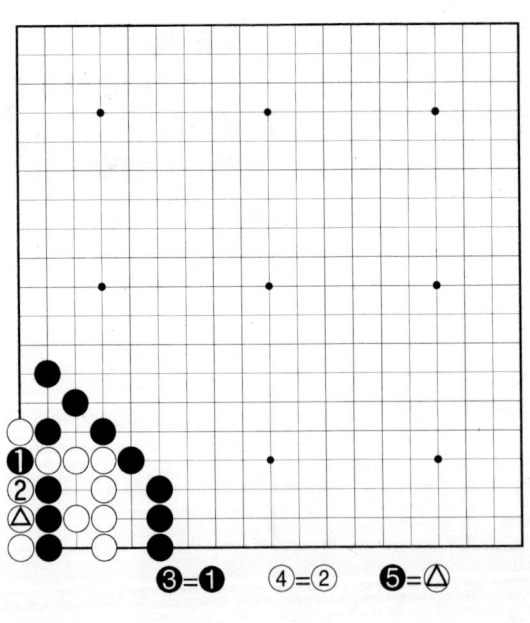

4图 接上图

黑1扑的妙手正在等着，3提后5挡即可。

❸=❶　④=②　❺=△

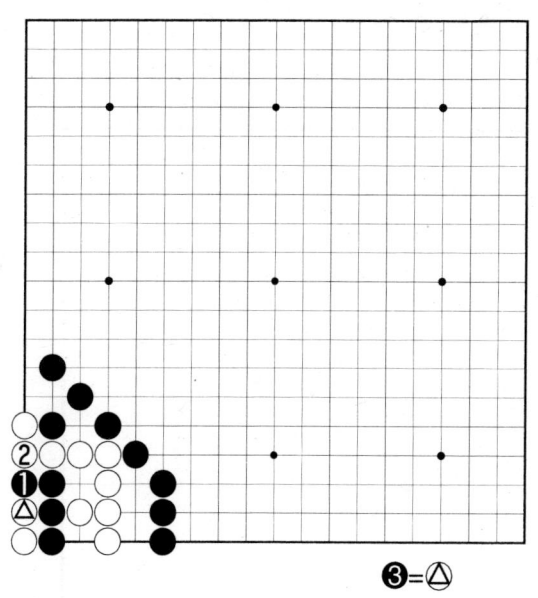

5图 变化Ⅰ

黑1提也成立，2粘时3自团刀把五好手，白死。

❸=△

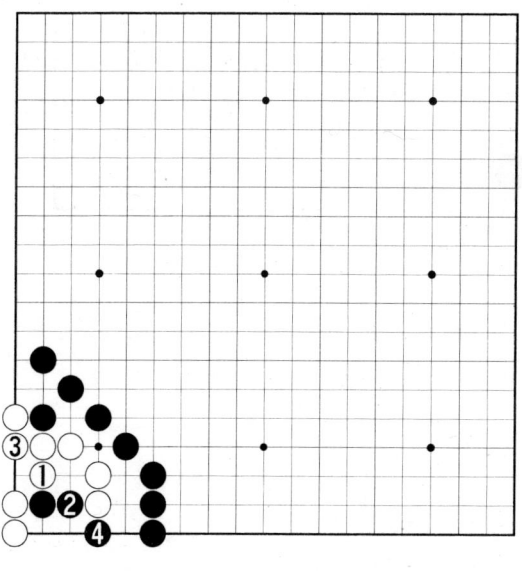

6图 变化Ⅱ

3图中黑3靠后白如从1位顶，则2、4渡过即可。

30. 天地人心（黑先）

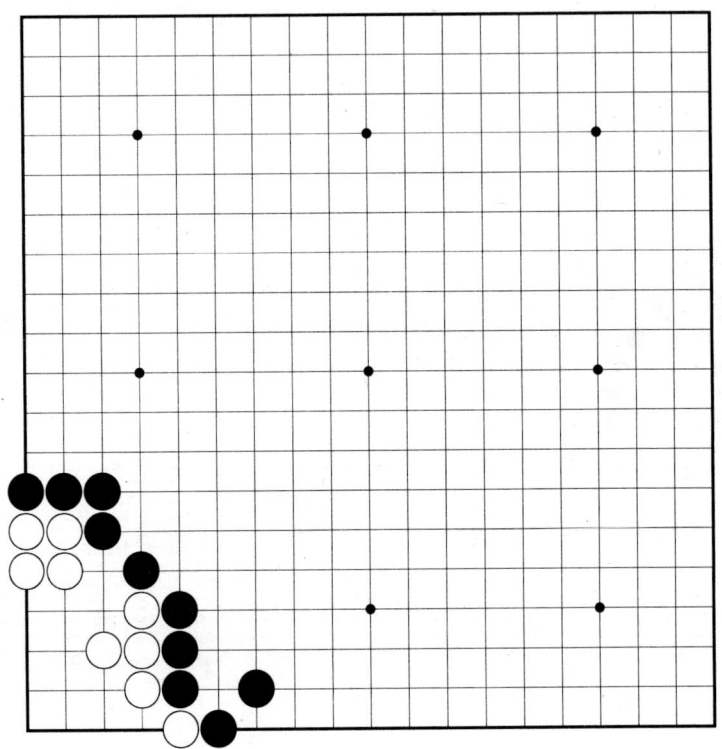

疾风怒雨，禽鸟戚戚；霁日光风，草木欣欣。可见，天地，不可一日无和气；人心，不可一日无喜神。

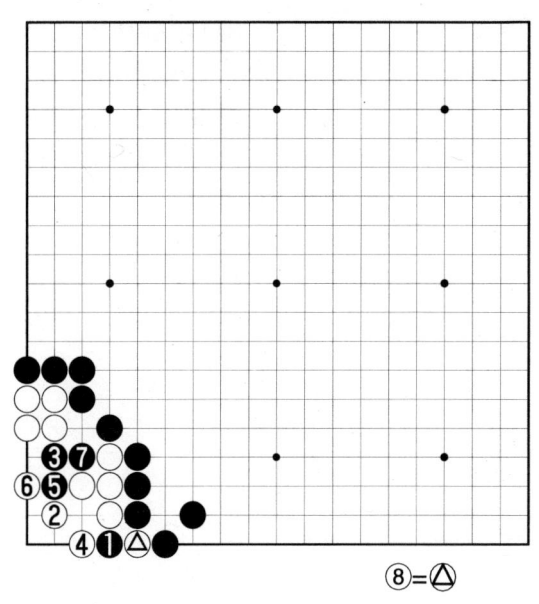

⑧=△

1图 劫则失败

黑1提则2、4挡住，5挤则6扳成劫，黑失败。

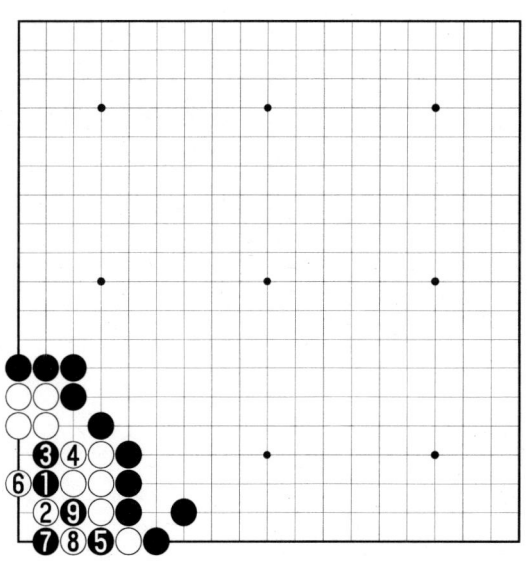

2图 还是劫

黑1托底下则2挡,然后白4团在等着，5提则8扑后还是劫。

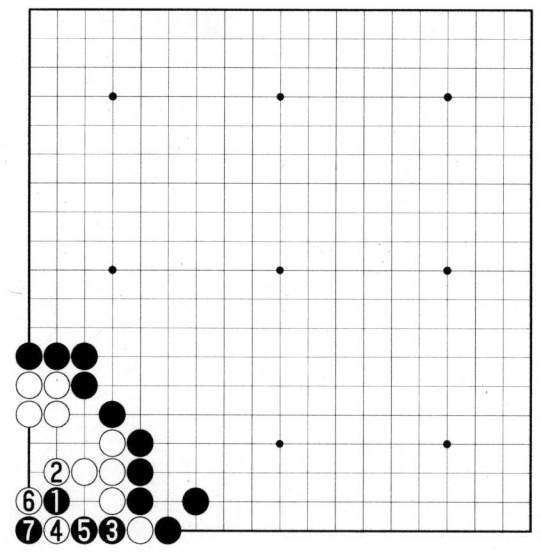

3图 仍是劫

黑1点看起来很漂亮但时机不对,白2挡,黑3提至7仍是劫。

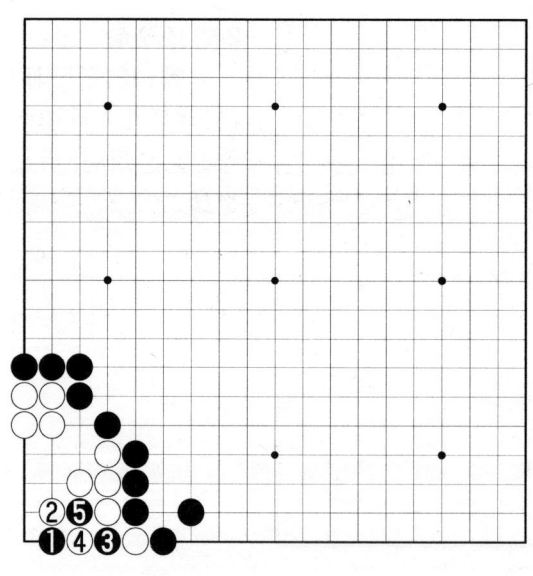

4图 点的方向

黑1点二·一的话则2尖顶,4扑还是劫。

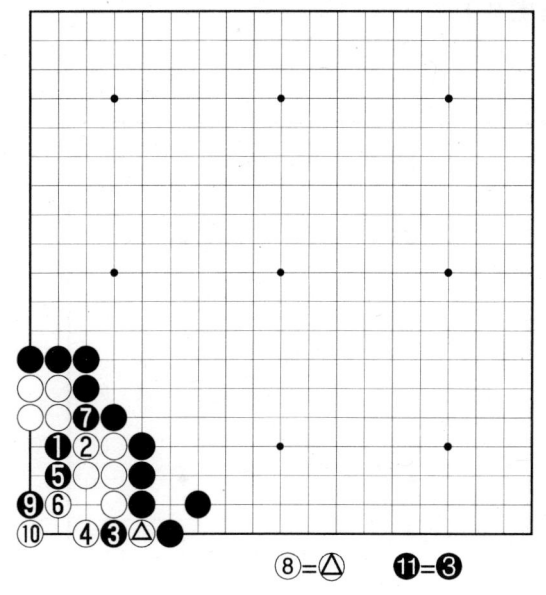

⑧=△ ⑪=❸

5图 正解

黑1靠是急所，白2只能团，这时黑3提是连贯的好手，4挡则5后9扳，10扑看似成劫，但11提另一边成为连环劫杀白。

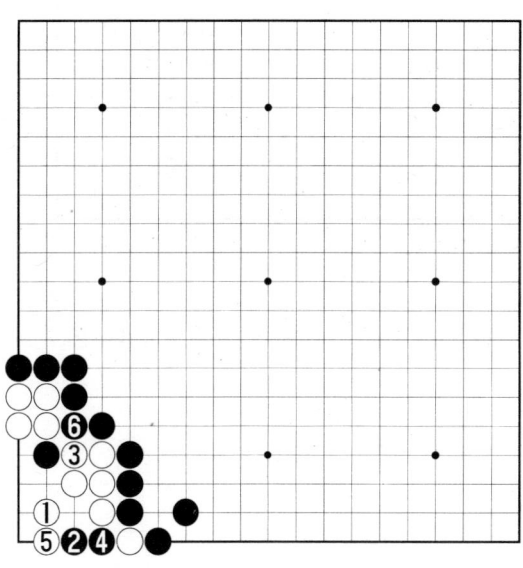

6图 变化

5图黑1靠时白1尖则2点在等着，3团则4先手连回后6打，白即无活路。

31. 偏见害心（黑先）

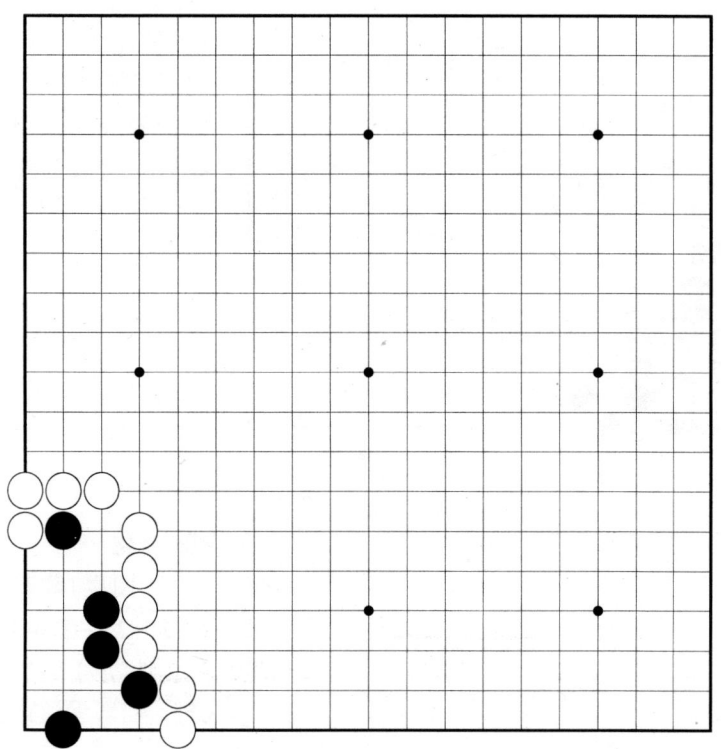

利欲未尽害心，意见乃害心之蟊贼；声色未必障道，聪明乃障道之屏藩。

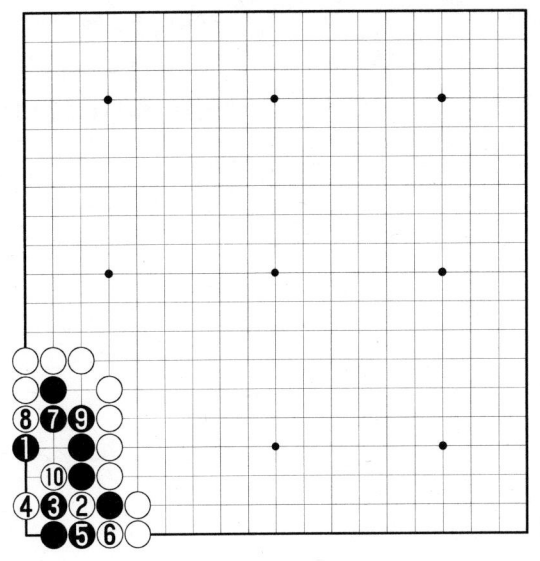

1图 跳无谋

黑1跳则2打后4靠的好手在等着，5吃住一子后，7、9则白10，黑不行。

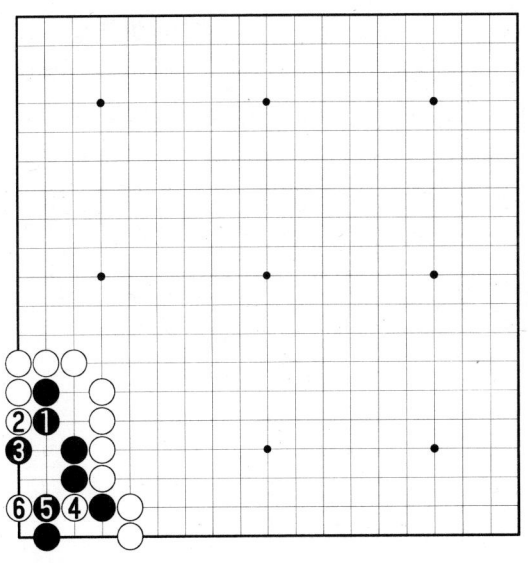

2图 失败

黑1长毫无想法，白则2爬后4断，5挡则6靠无法做活。

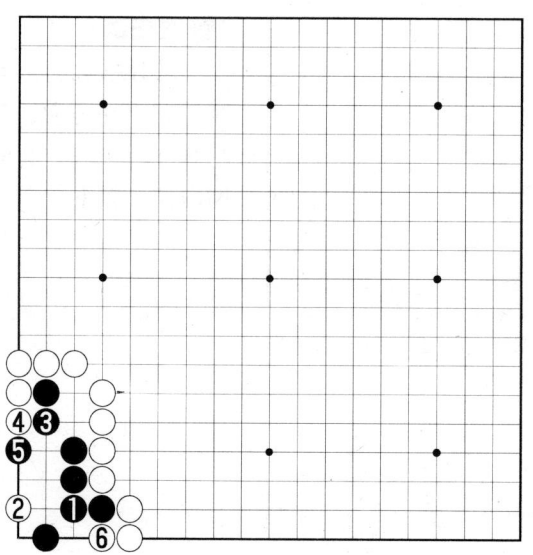

3图 仍然失败

黑1粘则白2点,3长则4爬后6破眼即可。

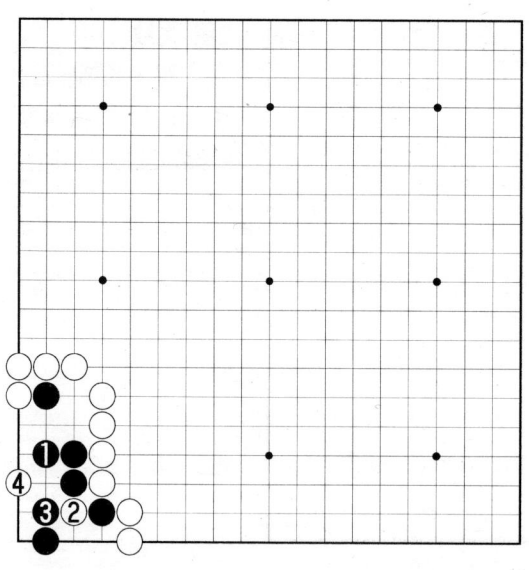

4图 弯也失败

黑1弯则2断后4点,黑失败。

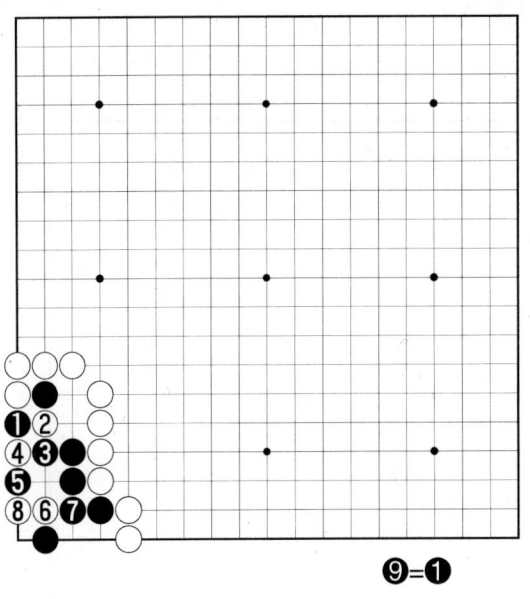

5图 正解

黑1挡是这场面下的好手,白2、4断吃后5挡,6、8则黑9成劫,劫是正解。

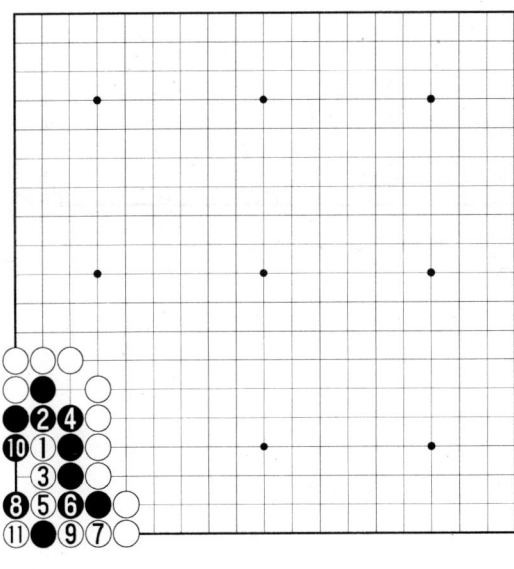

6图 变化

白1靠则黑2粘,3至7继续追击则黑8扳可以成劫。

32. 大巧无术（黑先）

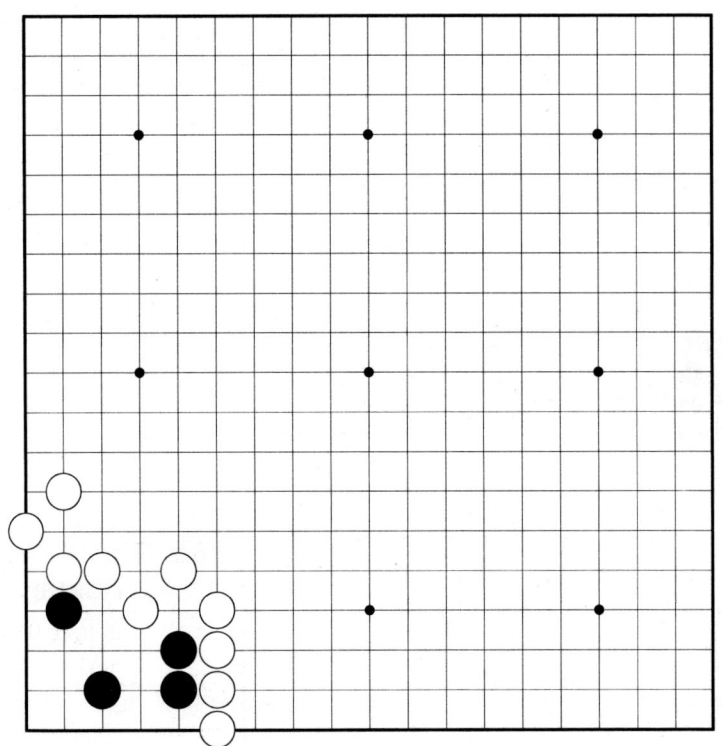

真廉，无廉名；立名者，正所以为贪。大巧，无巧术；用术者，乃所以为拙。

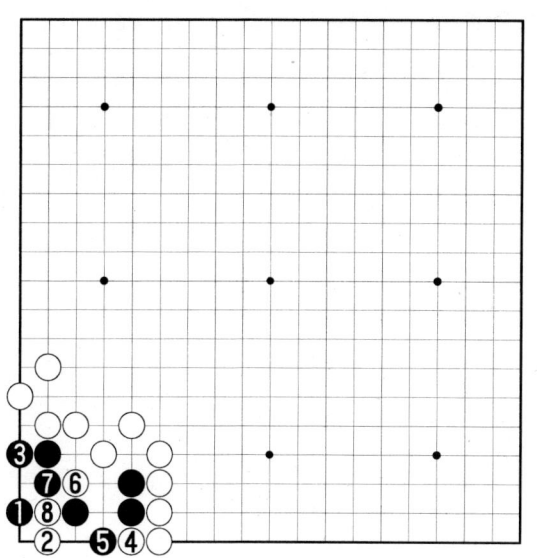

1图 漂亮的点

黑1跳看似可以成活，但白2点漂亮，接着4、6好手，白8断后黑两边不入气而死。

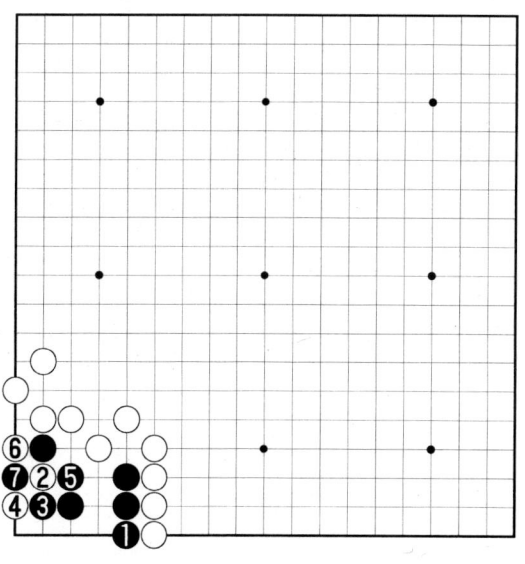

2图 挡也无谋

黑1毫无想法地挡则2、4形成劫。

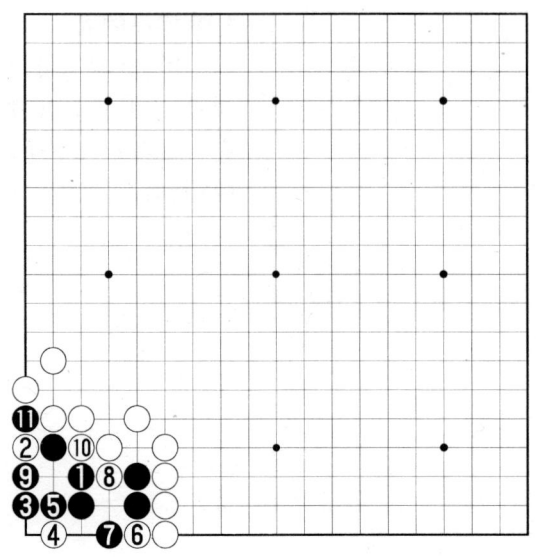

3图 依旧是劫

黑1双则白2扳，3想避开劫，但4至11还是成劫。

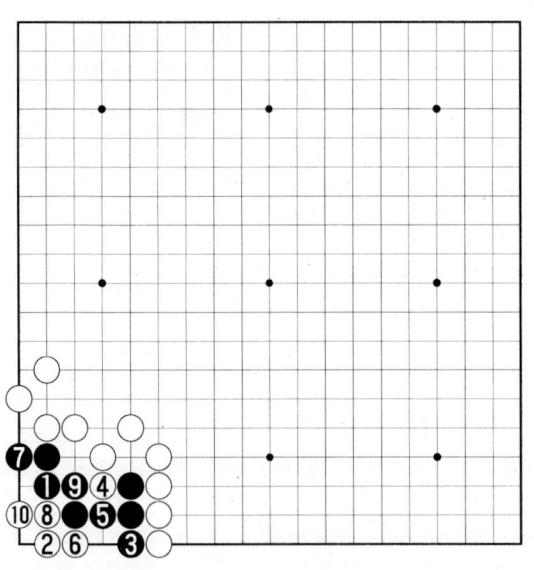

4图 刀把五

黑1并则2点，3扩大眼位则4至10形成刀把五死。

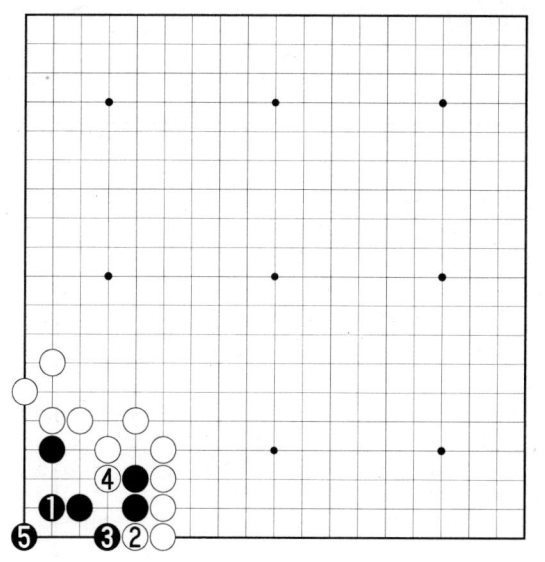

5图 正解

黑1并在这是好手，2、4缩小眼位则有5尖的一手在等着。

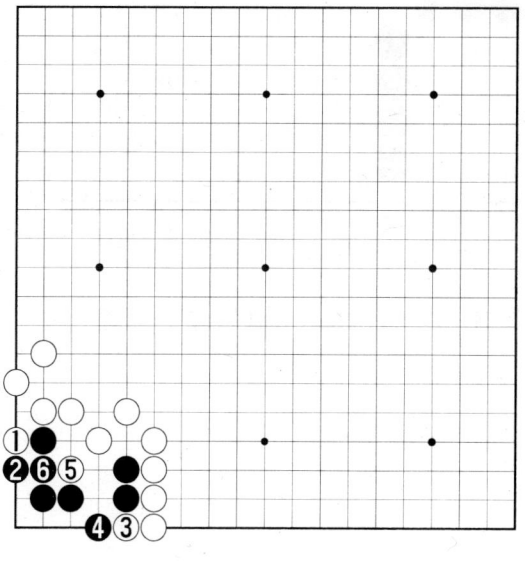

6图 成活

白1扳则至6简明成活。

33. 福祸之道（黑先）

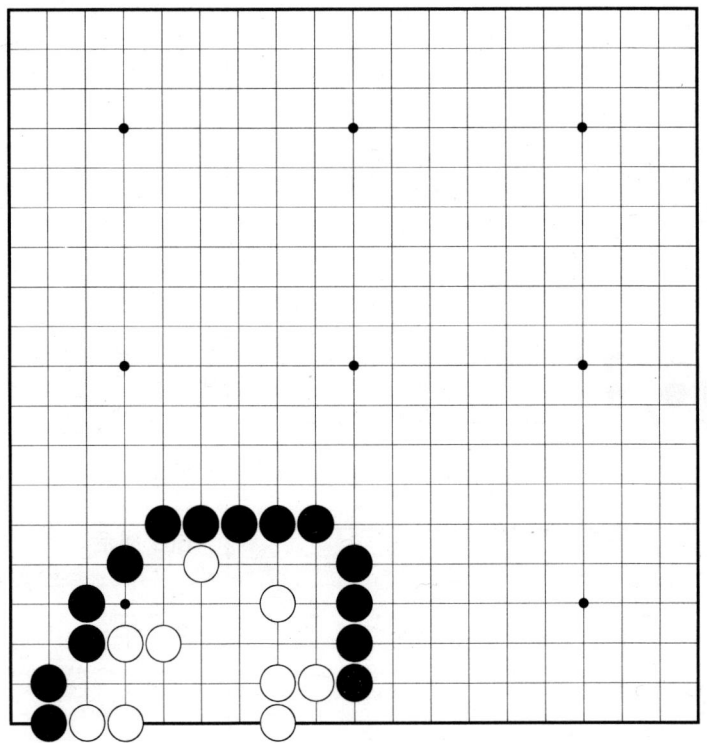

　　福不可徼，养喜神，以为召福之本而已；祸不可避，去杀机，以为远祸之方而已。

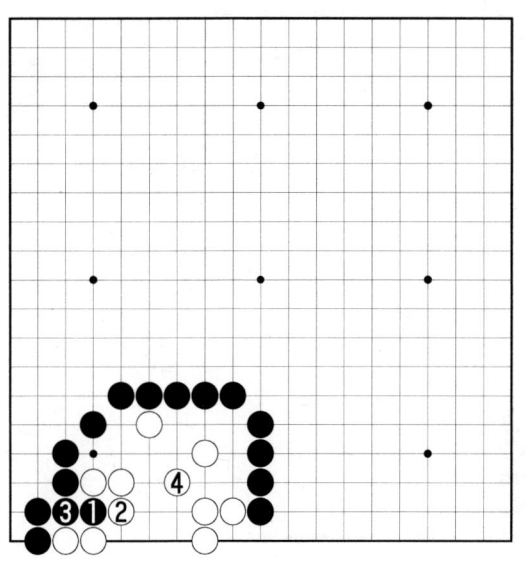

1图 简单失败

黑1、3缩小眼位则白4即成活。

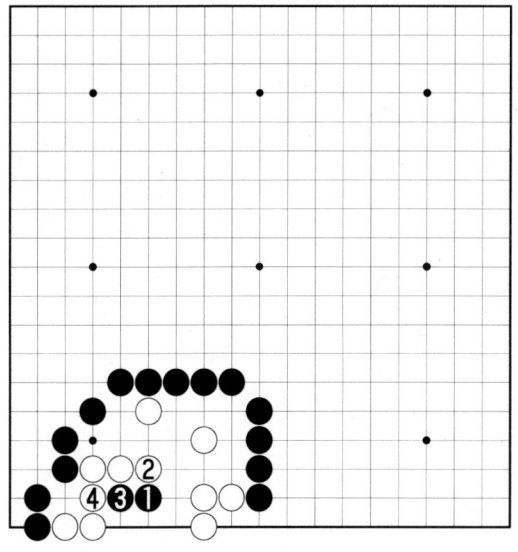

2图 荒唐的点

黑1点后3爬则4粘便无下一手。

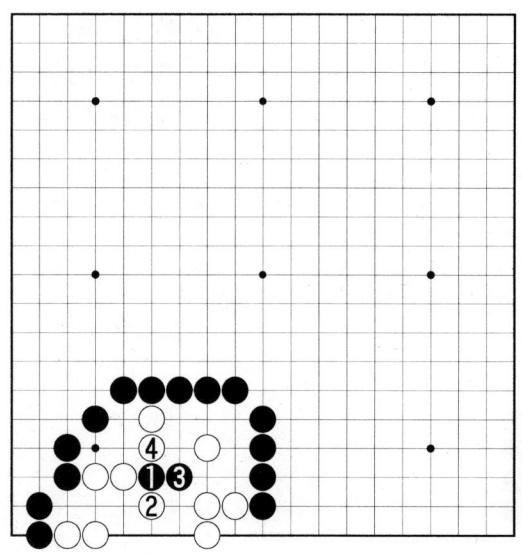

3图 计算力弱

黑1靠后3长则白4吃住即可，计算力太弱了。

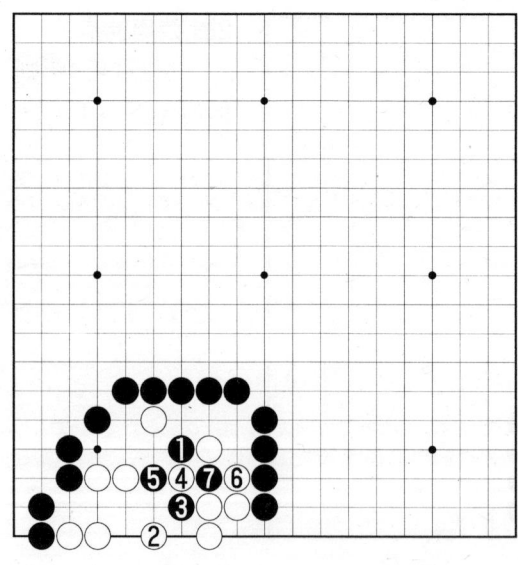

4图 正解

黑1靠是解决问题的关键，白2跳摆好形状则黑3靠追击，白4、6顽强做劫，劫则黑成功。

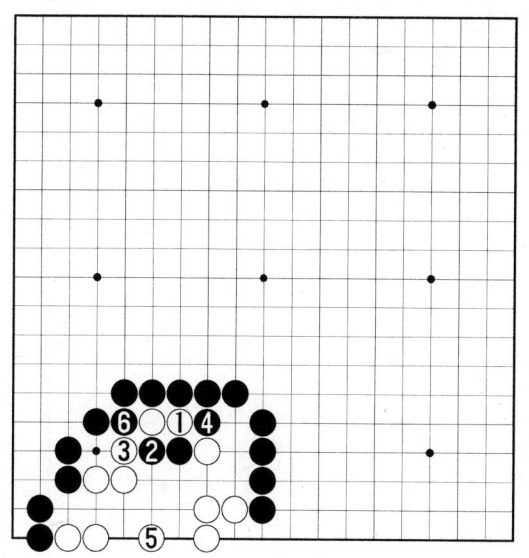

5图 变化

白1、3先手交换后5跳则6提即可。

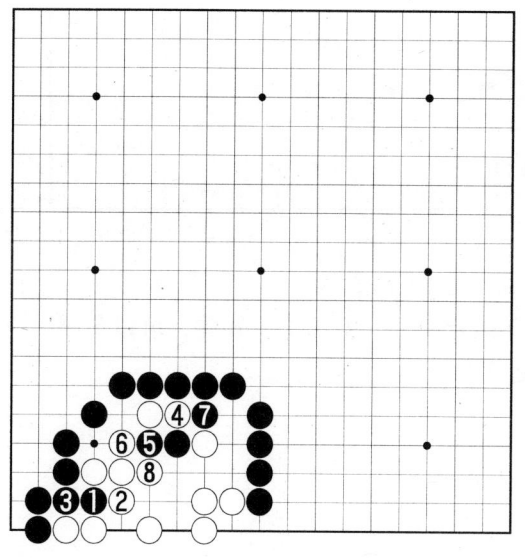

6图 黑的失手

黑1挖则2后8打形成见合而活。

34. 伏久飞高（黑先）

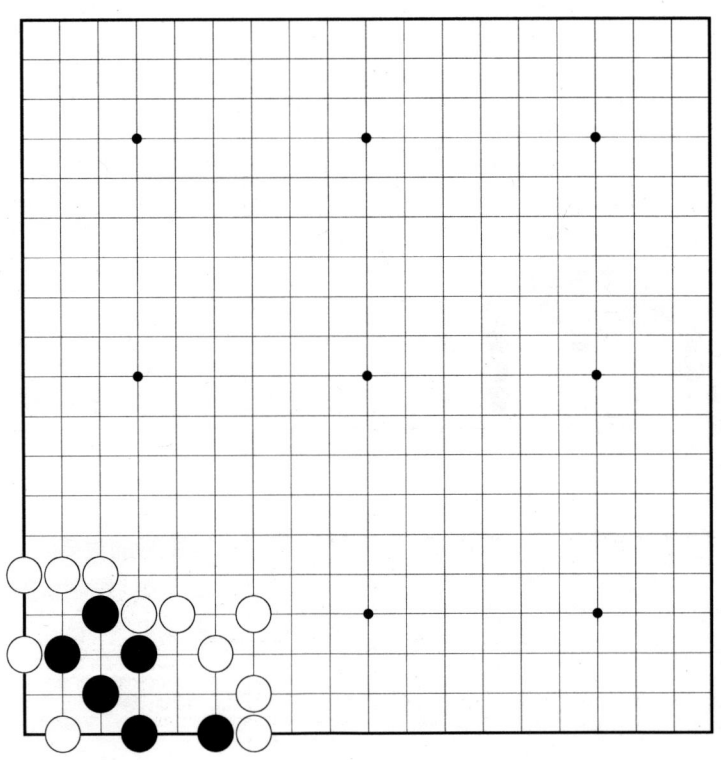

　　伏久者，飞必高；开先者，谢独早。知此，可以免蹭蹬之忧，可以消躁急之念。

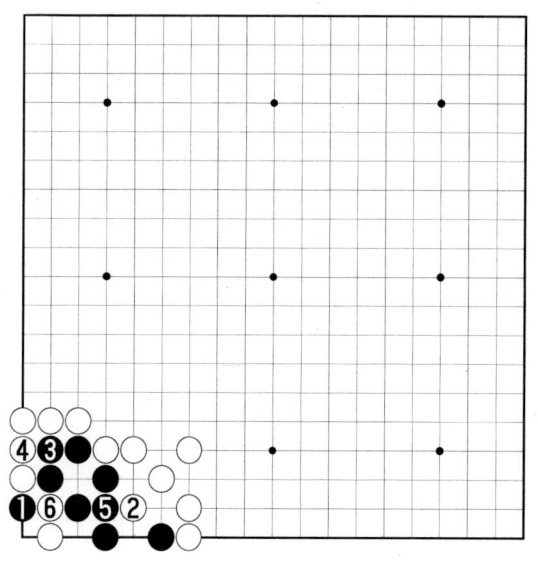

1图 初级计算

黑1想简单成活,但白2尖后黑无应手,3、5抵抗则6打即可。

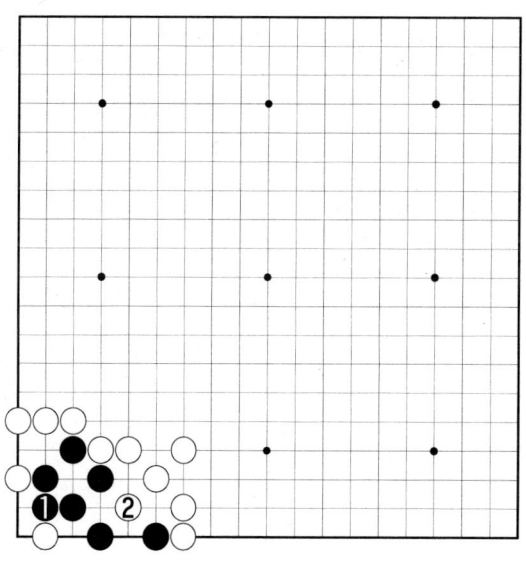

2图 无用的团

黑1团毫无用处,白2尖即可。

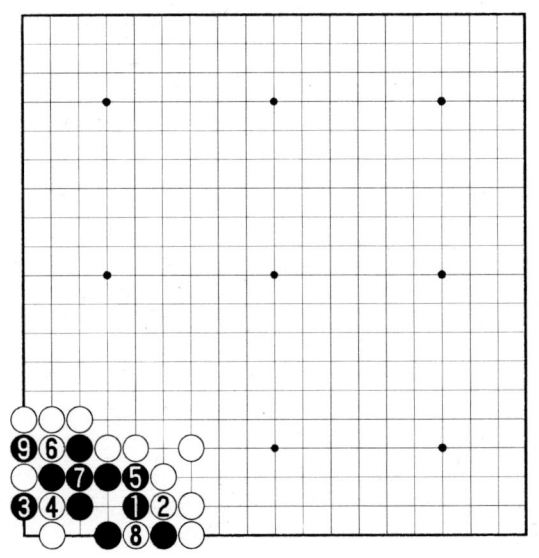

3图 正解

黑1做眼是急所，白2只有打，这时3挡后5打绝妙，白6、8提则9提形成连环劫活。

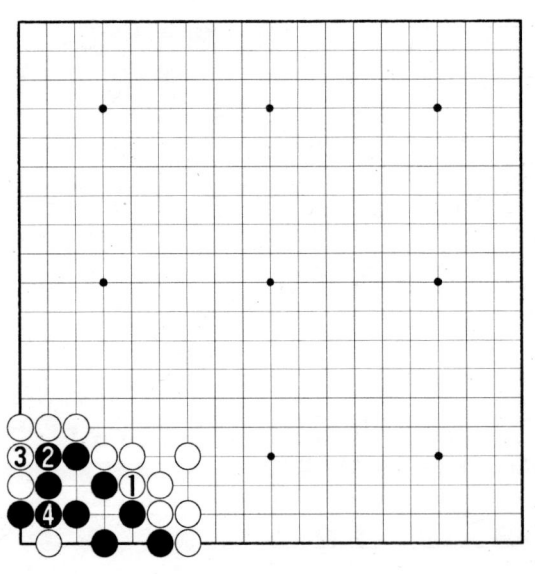

4图 变化

白1挤则2先手后4粘简单成活。

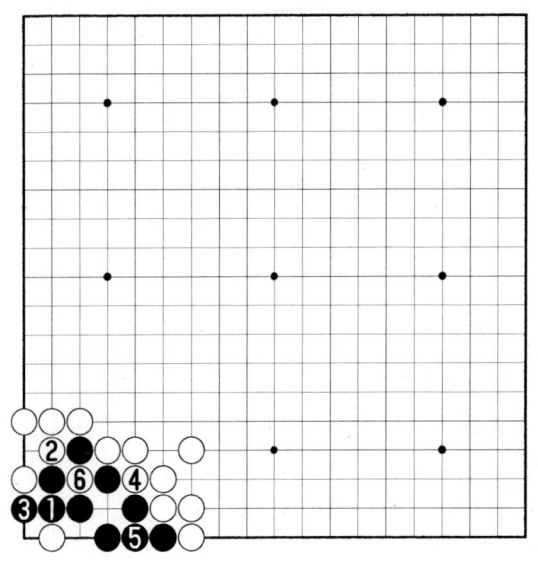

5图 黑的错觉

黑1团错觉,至6形成打劫。

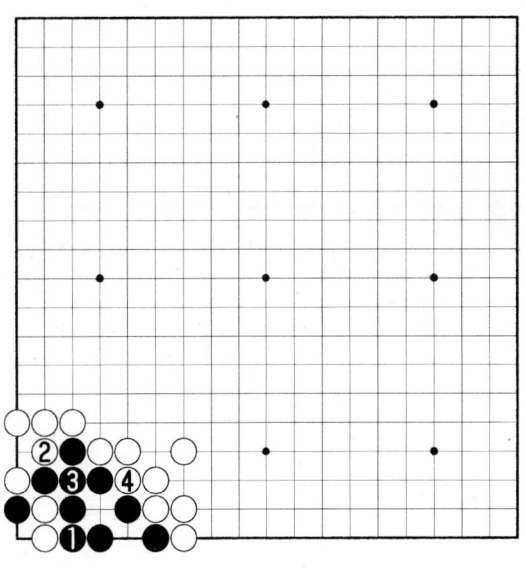

6图 黑的轻率

3图黑5如本图黑1轻率,白2打后走4位形成劫争。

35.平心少事（黑先）

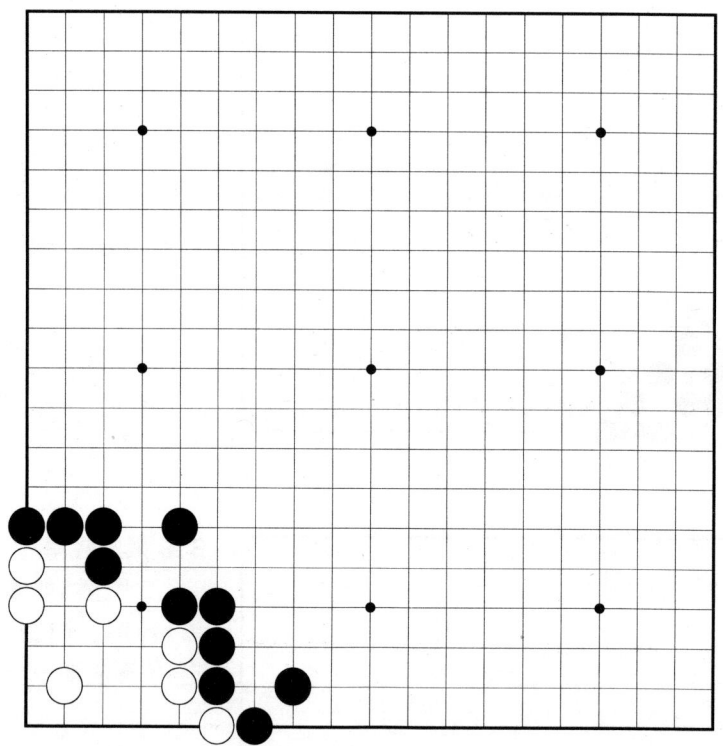

福莫福于少事，祸莫祸于多心。唯苦事者，方知少事之为福；唯平心者，始知多心之为祸。

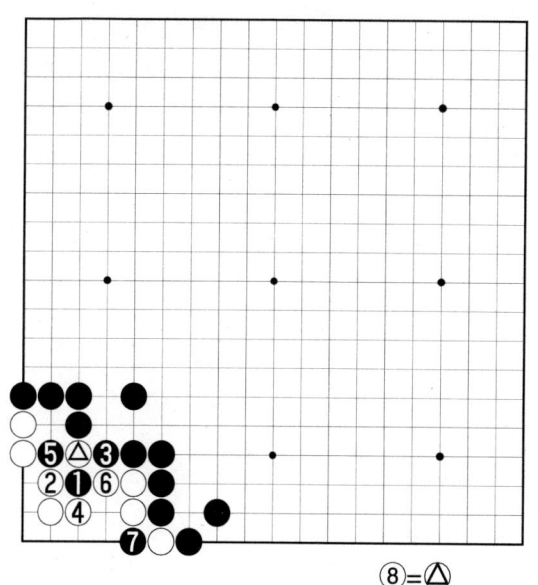

1图 劫则失败

黑1靠则白2挡,以下至白8成劫,黑失败。

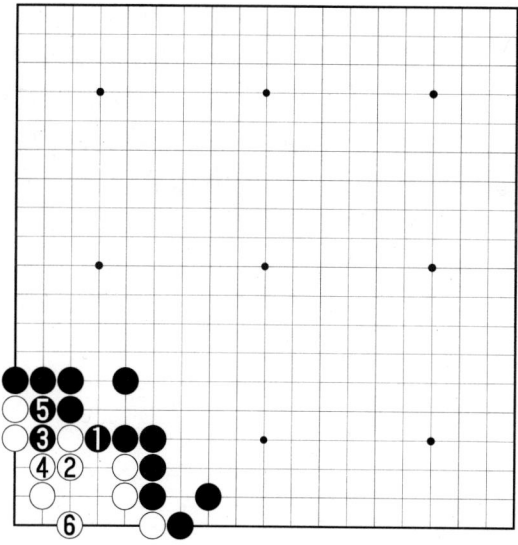

2图 眼位变大

黑1顶后眼位太大了,无法吃住白棋。

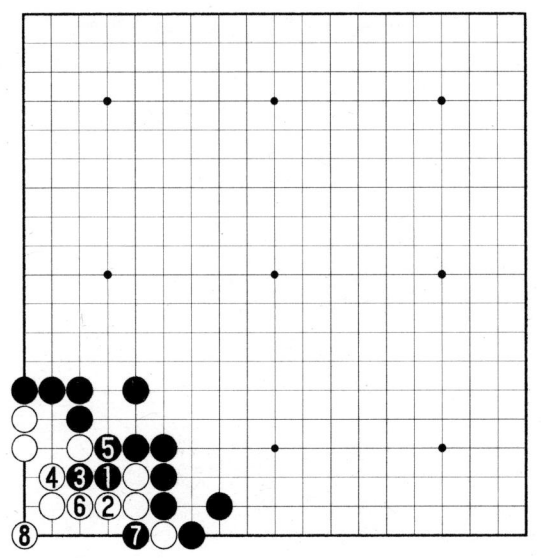

3图 轻松成活

黑1扳后3冲则白4挡、6粘应对，黑7提时白8轻松成活。

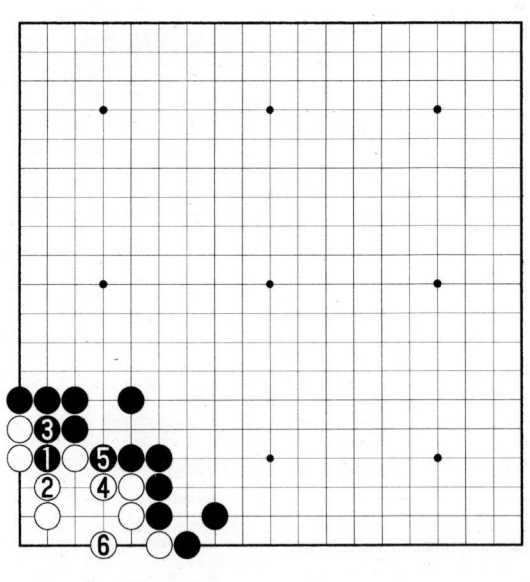

4图 冷静

黑1挖缩小眼位，则白2先手打后4弯冷静，5打则6尖成活。

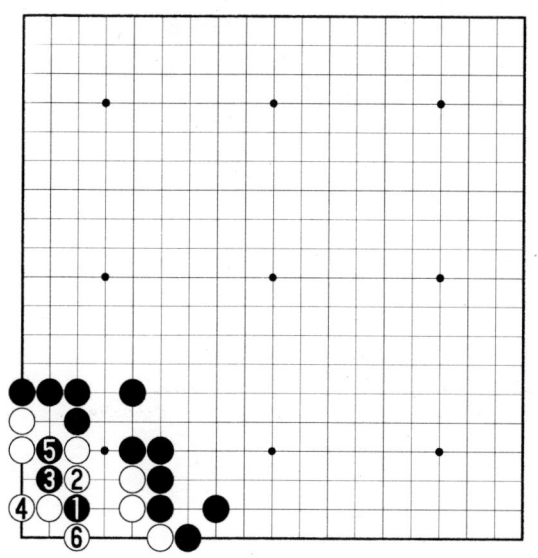

5图 沉着

黑1靠则白2顶,黑3断则白4立沉着,黑5则白6吃即可。

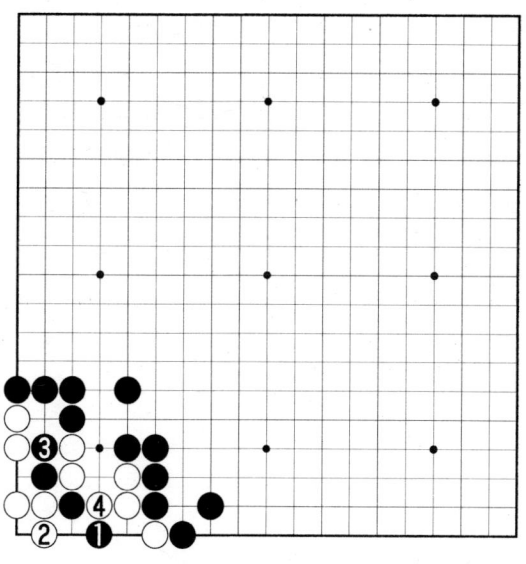

6图 无谋

黑1尖无谋,白2、4便简单成活。

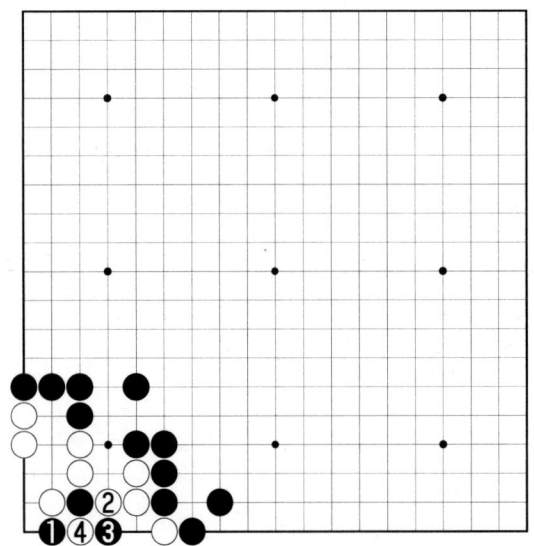

7图 劫

黑1抵抗,则白2、4成劫,黑失败。

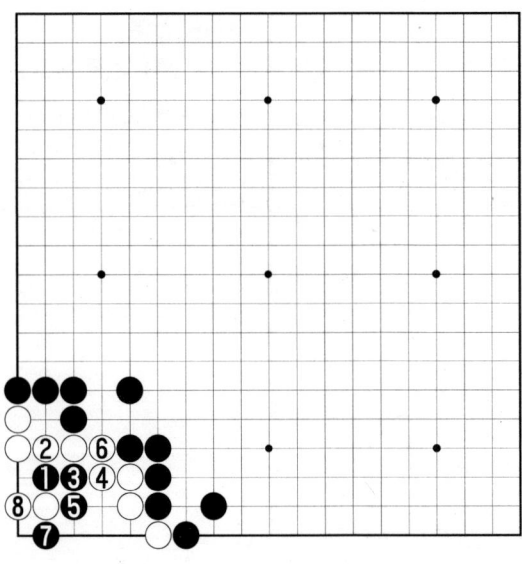

8图 正解

黑1靠是好手,白2粘时,黑3跑出,以下至白8……

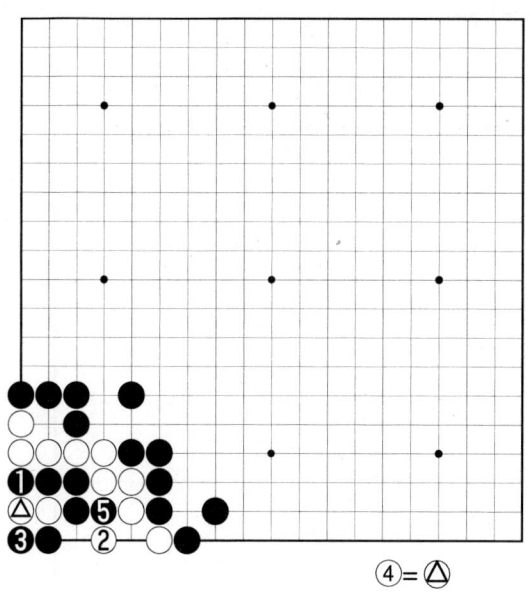

9图 接上图

黑1断掉两子，白2尖时，黑3提好手，白4扑则黑5挤即眼杀白。

④=⚠

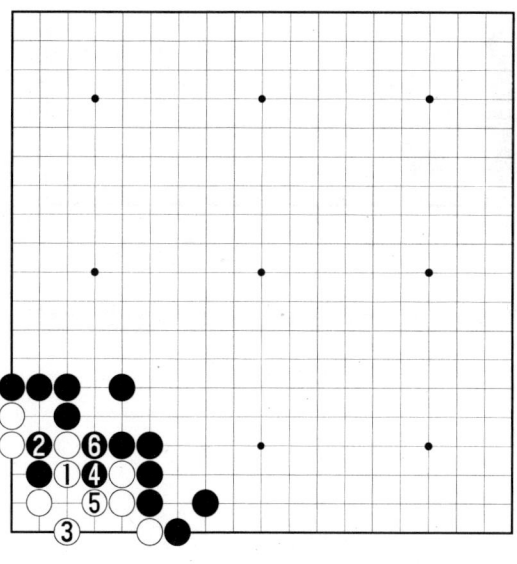

10图 变化

白1挡，则黑2冲，白3想做出两眼，但黑4挖的强手正等待着，白无力生还。

36. 居卑处晦（黑先）

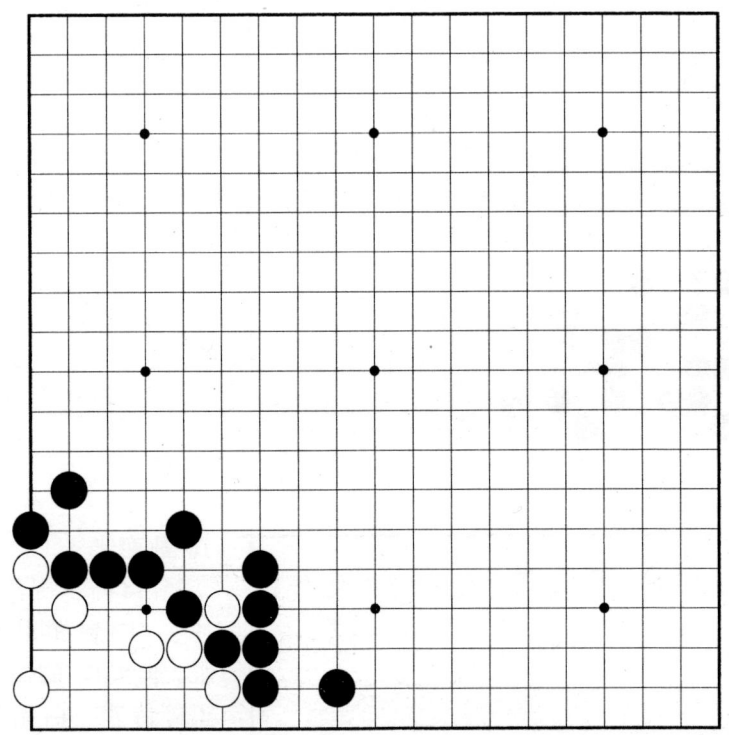

　　居卑而后知登高之为危，处晦而后知向明之太露。守静而后知好动之过劳，养默而后知多言之为躁。

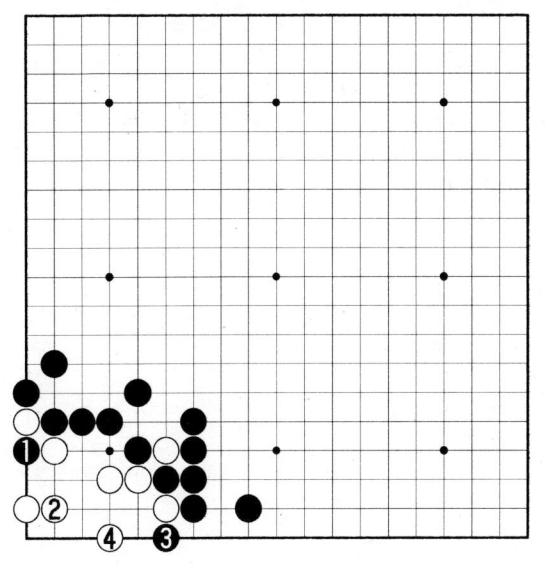

1图 单纯

黑1提,白2并,黑3打则白4跳成活。

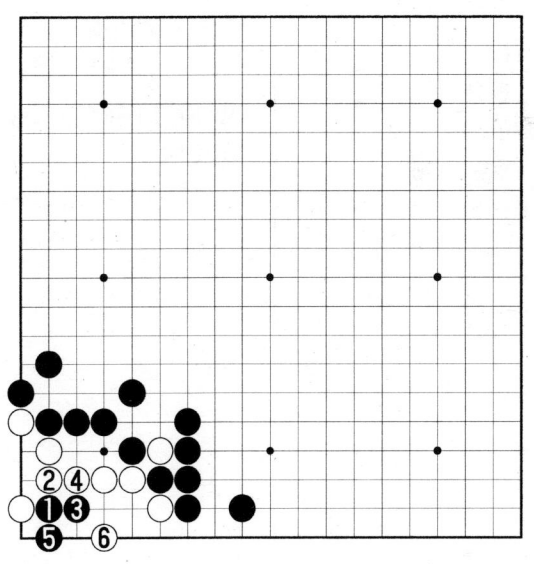

2图 白净活

黑1靠看似要点,但白2顶,黑3长后5立,则白6做眼即可成活。

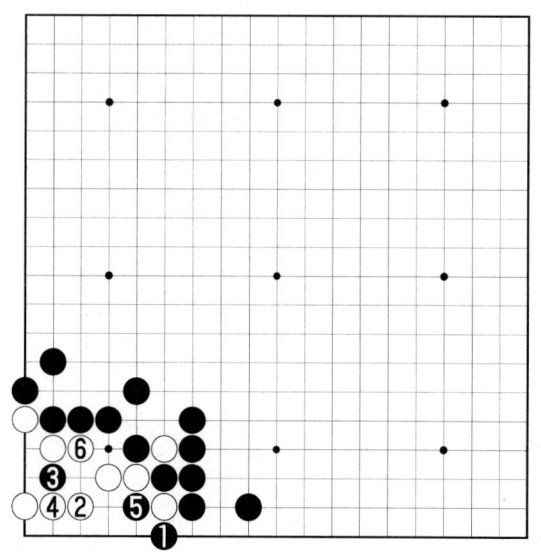

3图 失败

黑1从下边打，则白2尖是好棋，黑3夹后5提，则白6做眼即可成活。

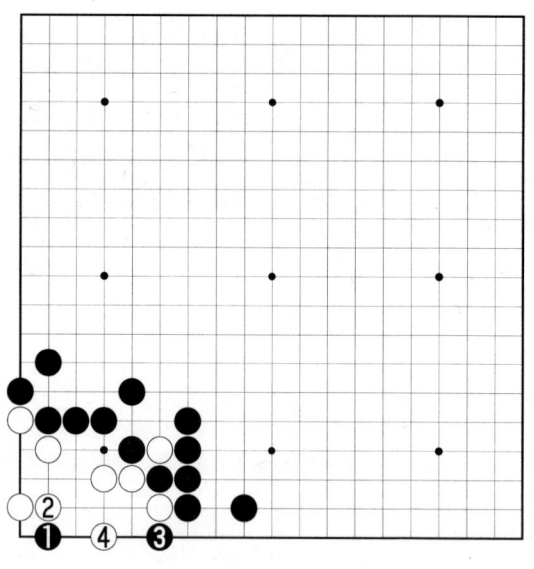

4图 仍然失败

黑1点则白2挡，黑3时白4跳好手，黑失败。

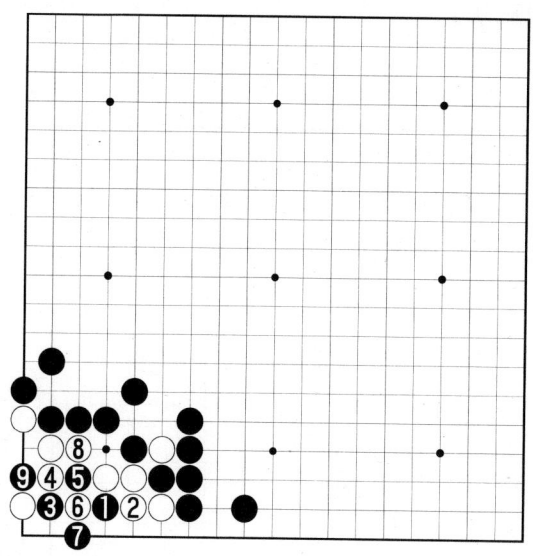

5图 正解

黑1靠在这里是好手，白2只有粘，这时黑3再靠又是好棋，白4顶则黑5挖，白6、8抵抗时，黑有9"扑"的妙手，成劫是正解。

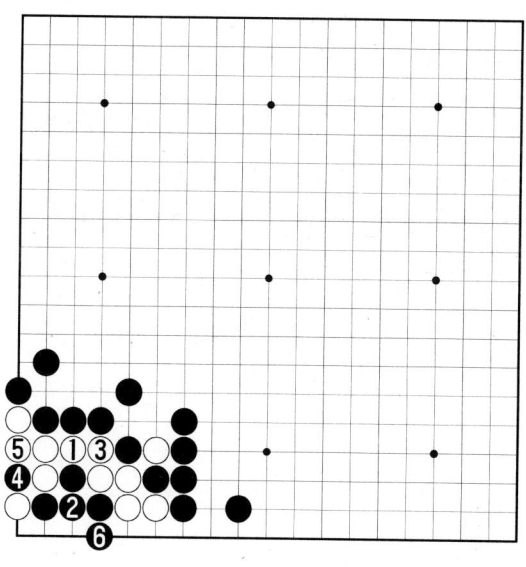

6图 变化

5图中白6若如本图白1打，黑2粘，以下至黑6，白净死。

37. 抱朴守拙（黑先）

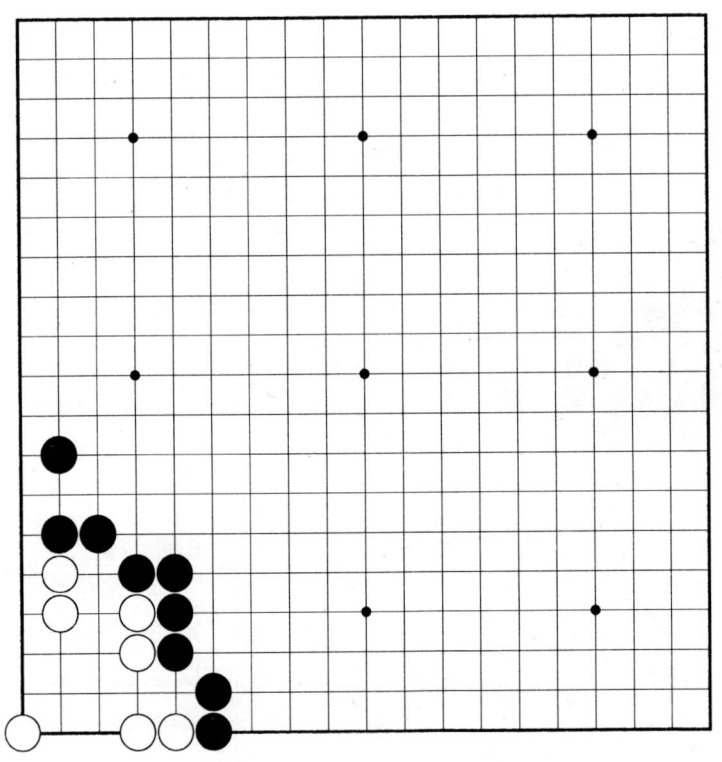

文以拙进，道以拙成，一拙字有无限意味。

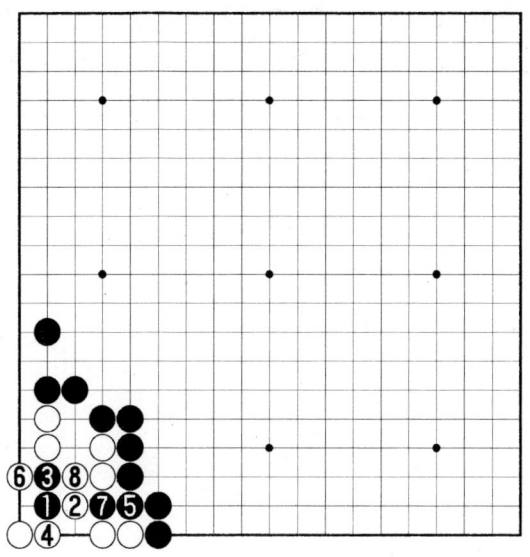

1图 太简单

黑1点看似好手，但白2强手应对，黑3顶时白4渡过，以下至白8简单成活。

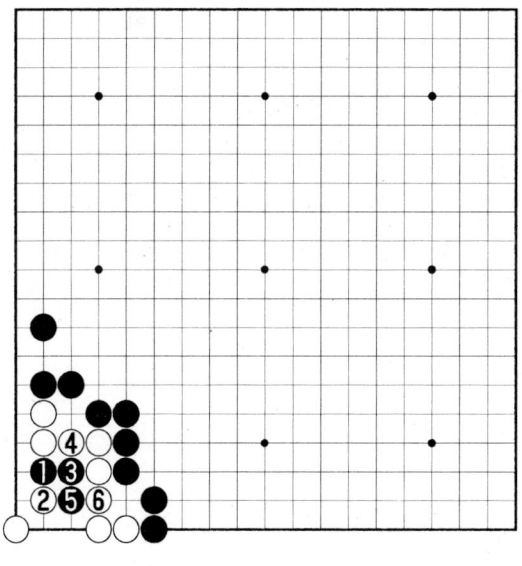

2图 单纯

黑1靠，则白2应，黑3则白4、6全部应住即可，黑简单失败。

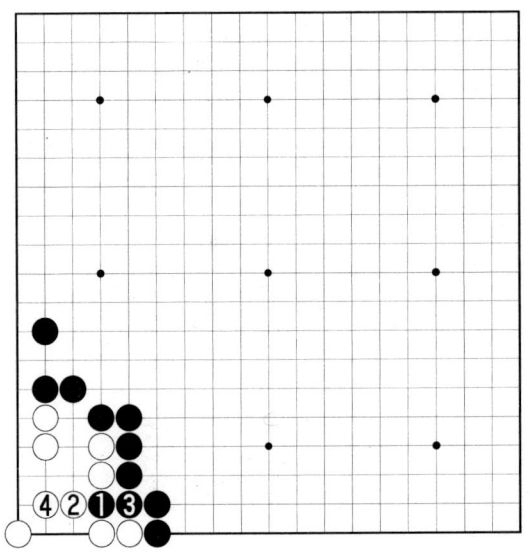

3图 无谋

黑1、3挖粘无谋，白4并，黑已无下一手。

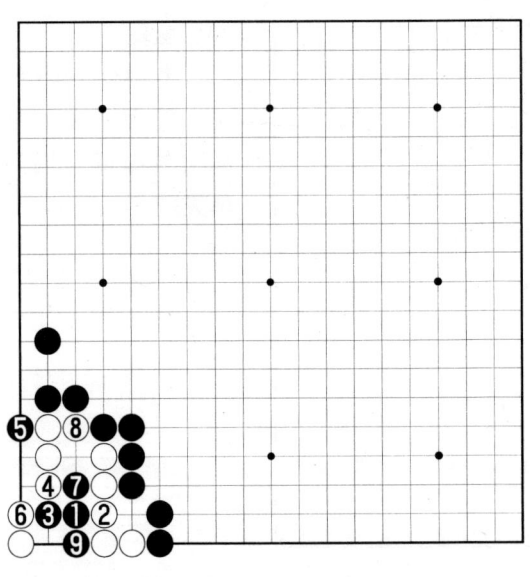

4图 正解

黑1点好手，白2时，黑3又是妙手，白4顶则黑5、7继续追击，黑9挡，绝妙，白净死。

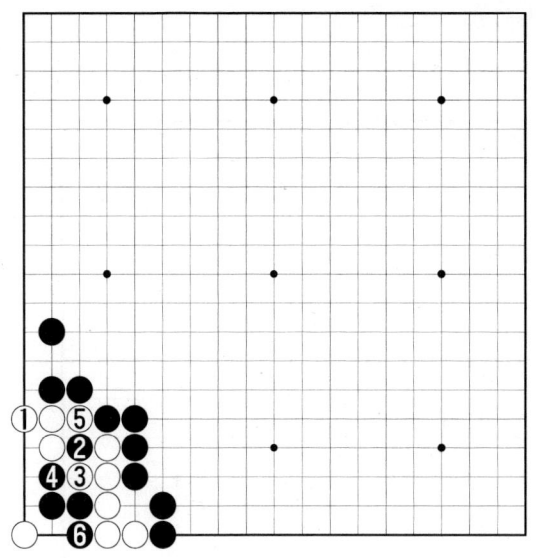

5图 变化Ⅰ

4图中的白4若如本图白1立，则黑2挖，白3、5拦住，则黑6简单吃住，白不行。

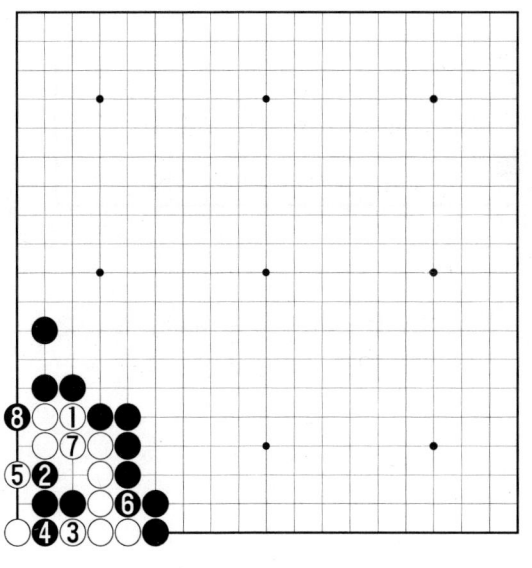

6图 变化Ⅱ

白1则黑2顶在急所，白3冲、5扳则黑6紧气即可。

38. 观心证道（黑先）

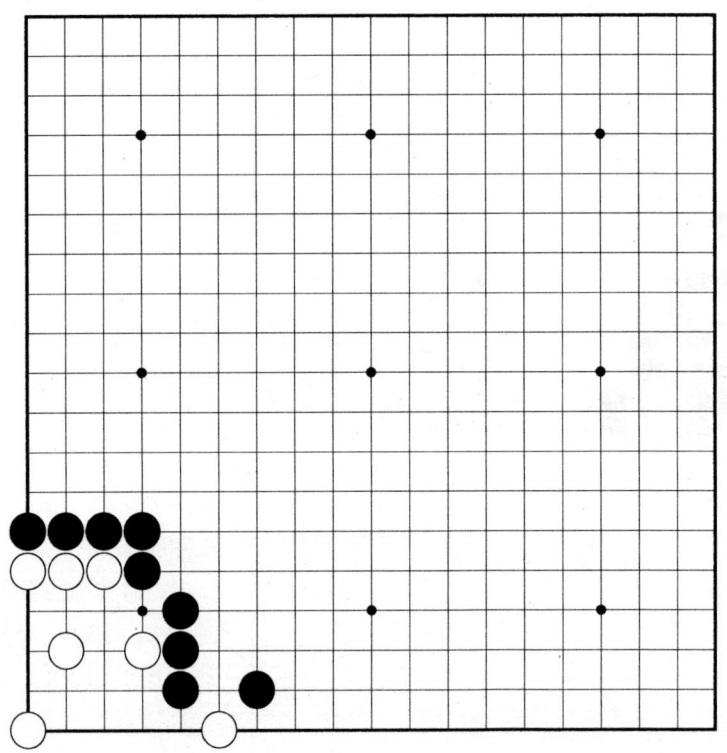

　　静中念虑澄彻，见心之真体；闲中气象从容，识心之真机；淡中意趣冲夷，得心之脉味。观心证道，无如此三者。

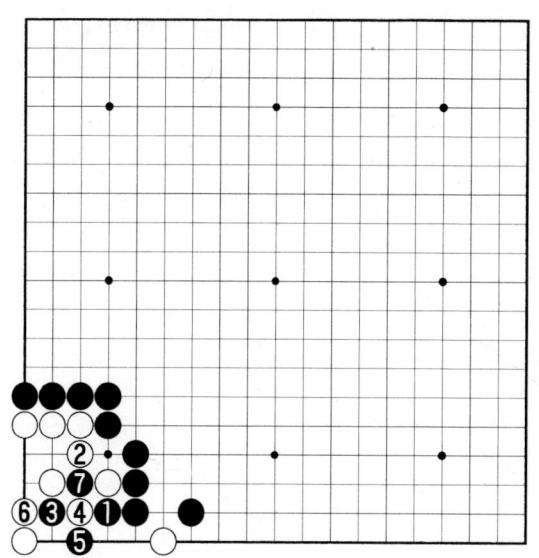

1图 复活的劫

黑1爬看似急所，但白2弯是好手，黑3托则白4后形成劫争，黑失败。

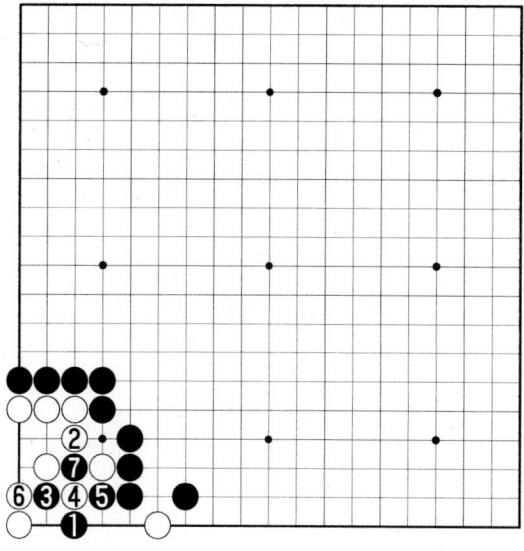

2图 继续是劫

黑1小飞时，白2弯沉着，黑3尖顶后，白4应对，也是成劫而失败。

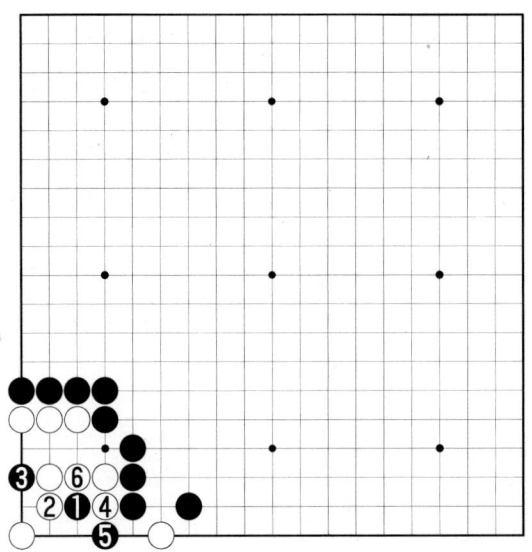

3图 白轻松成活

黑1跳，则白2挡应对，黑3托，则白4冲后6打即可成活。

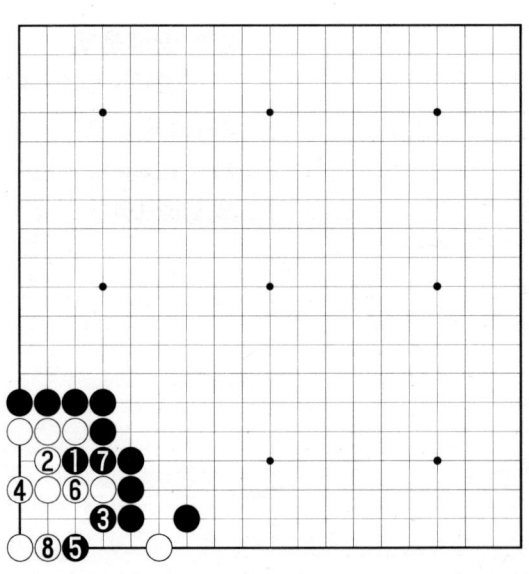

4图 正解

黑1扳是急所，白2粘，黑3爬要点，白4以下至白8……

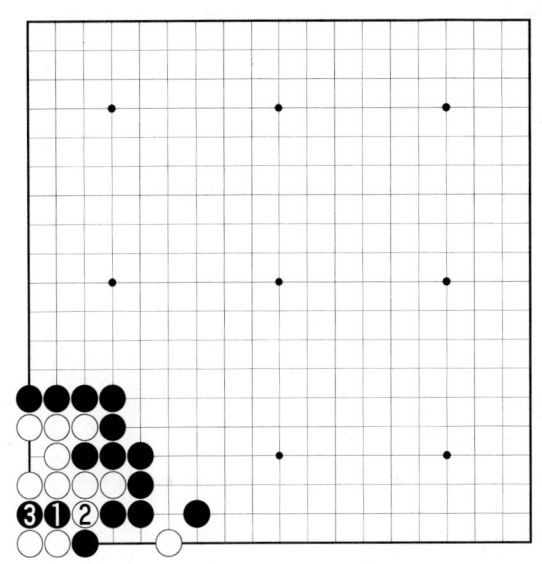

5图 简单死亡

接上图,黑1、3吃住两子即可,白简单死亡。

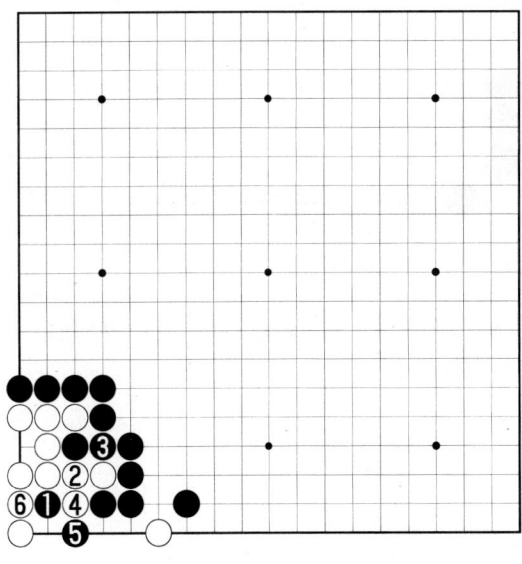

6图 黑的失手

4图时,黑如1靠则是失手,白2打、4冲后6打好手,成功做活。

39. 俭与拙（黑先）

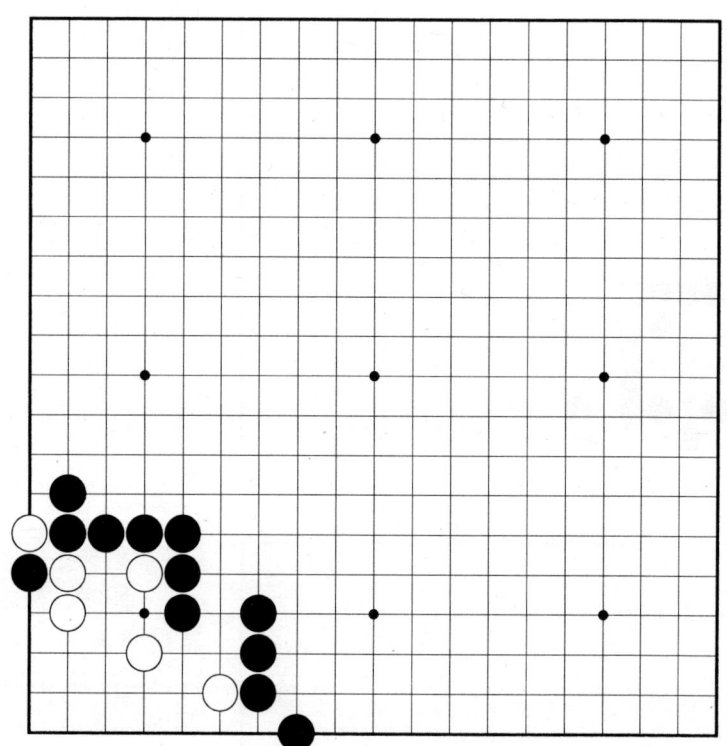

奢者，富而不足，何如俭者，贫而有余；能者，劳而府怨，何如拙者，逸而天真。

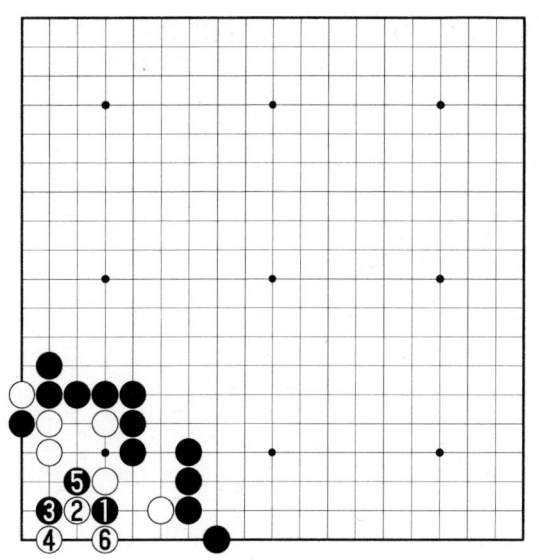

1图 单纯的"靠"

黑1托则白2挡,黑3夹则白4、6好手成劫,黑失败。

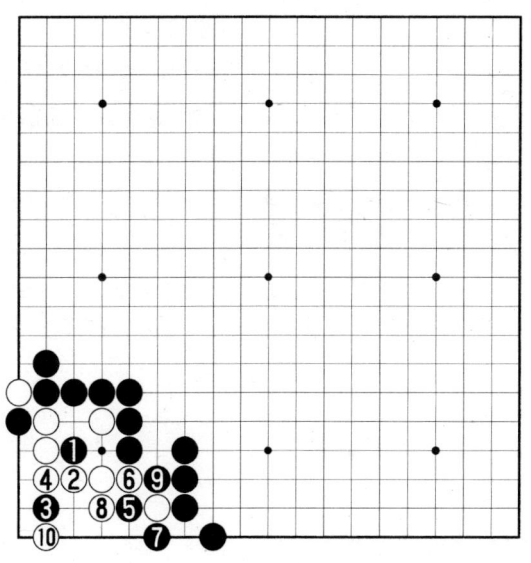

2图 瞄着的"靠"

黑1缩小眼位后3点的话,白4粘,白10也是好手,黑失败。

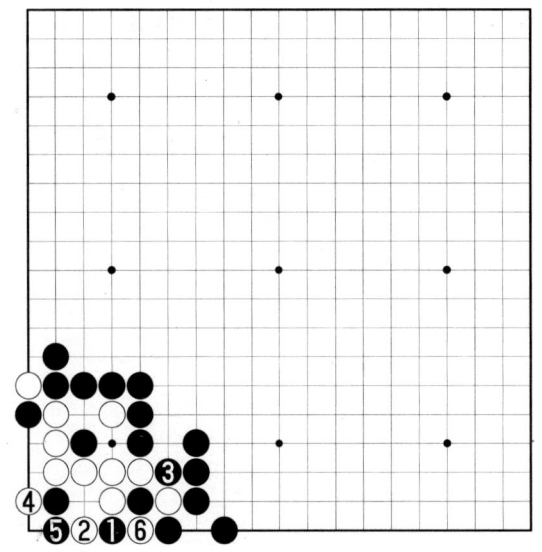

3图 劫则失败

2图黑9若如本图黑1扳后3位提，白4扳后6提成劫，黑失败。

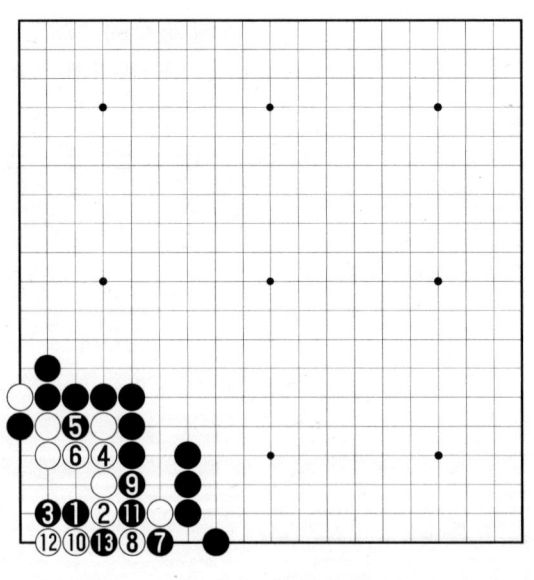

4图 仍是劫

黑1虽像急所，但结果还是形成劫争。

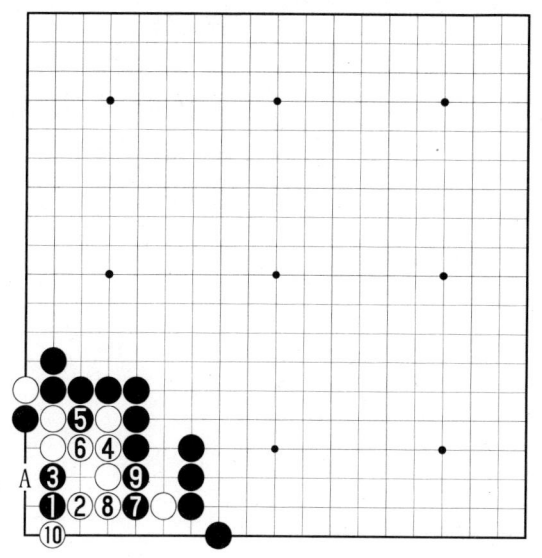

5图 黑失败

黑1点进去，白2至白10应对，接下来黑走A位成劫，黑失败。

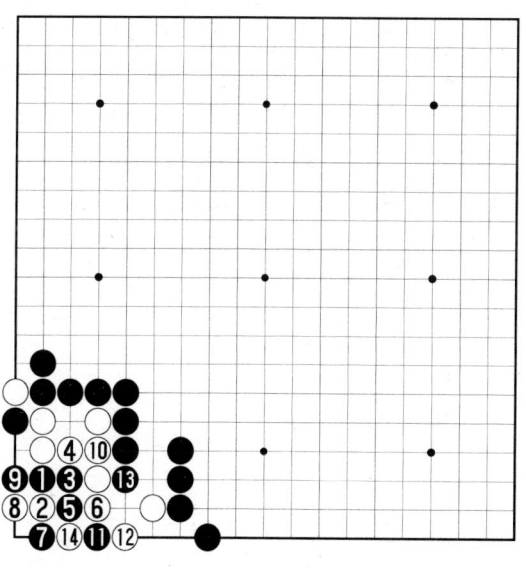

6图 缓气劫

黑1靠则白2夹好手，黑3、5以下至白14形成缓气劫，黑失败。

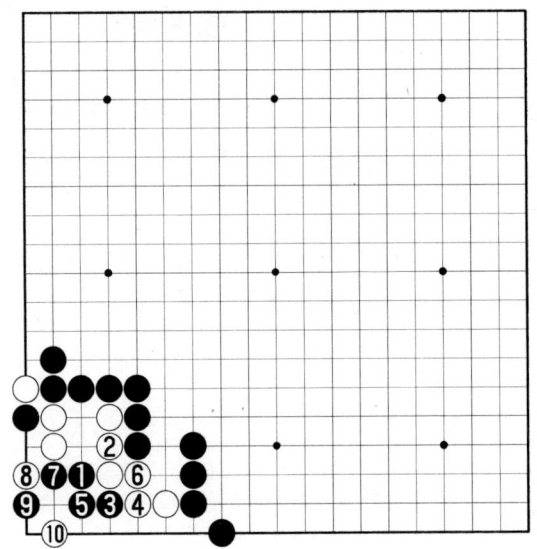

7图 正解

黑1靠是好手,白2粘时黑3、5扳粘后7挡,白8至10形成对杀。

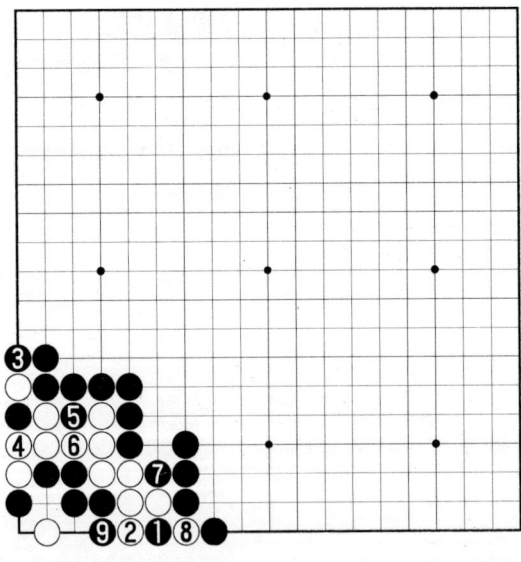

8图 接上图

黑1扳后3提是好手,白4以下至黑9形成连环劫,白无活路。

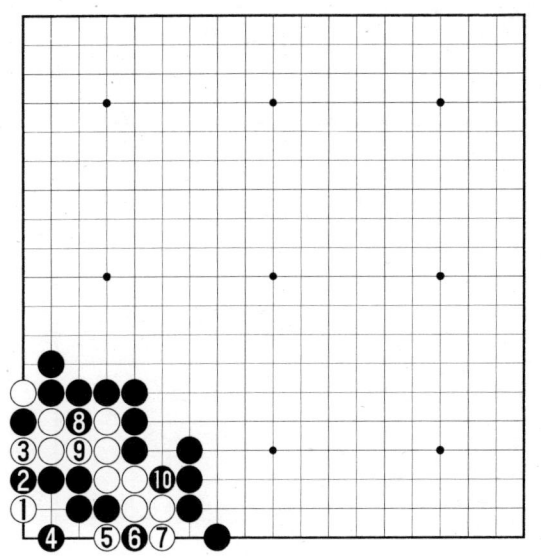

9图 抵抗

白1点虽像急所，但黑2后4以下形成不入气杀白。

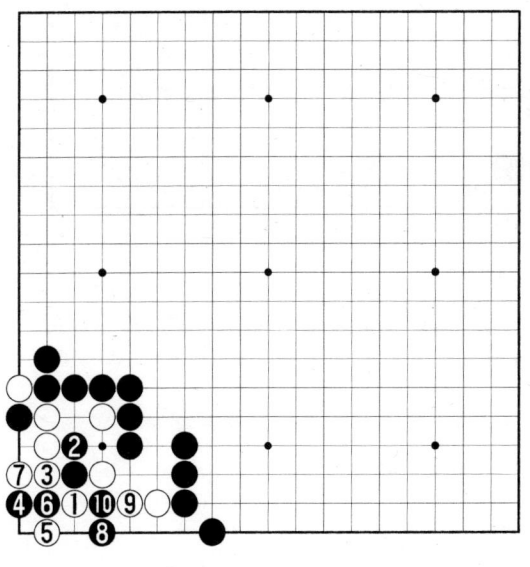

10图 变化

白1从后面扳则黑2退后4点，白5尖，黑8点中急所杀白。

40. 冷与热（黑先）

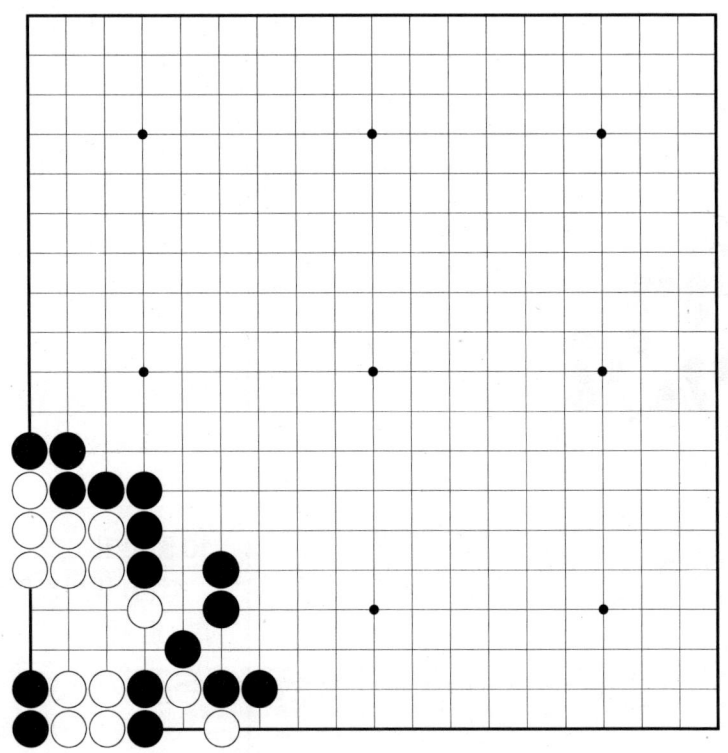

热闹中，著一冷眼，便省许多苦心事；冷落处，存一热心，便得许多真趣味。

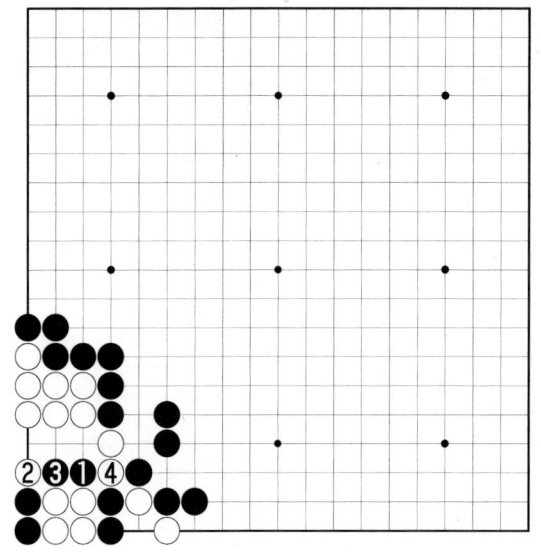

1图 方向错误

黑1从上面打是恶手,白2提,黑3挤则白4断,黑即失败。

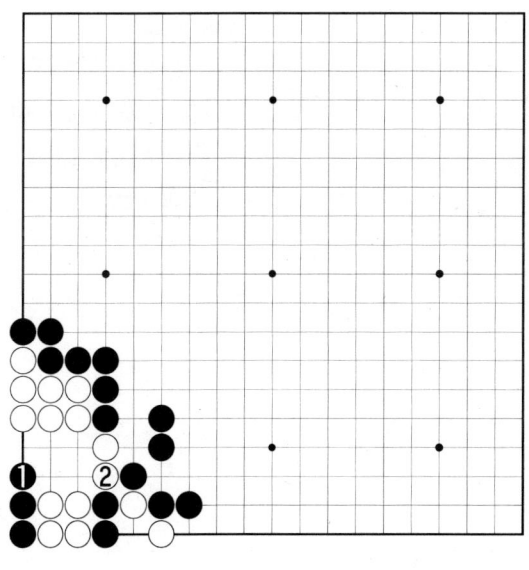

2图 失败

黑1毫无想法地跑,白2打,黑简单失败。

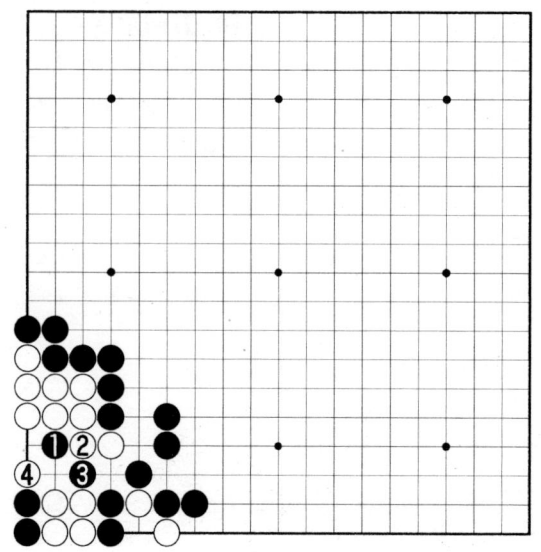

3图 没有去路

黑1靠看似妙手,但白2粘后4提,黑失败。

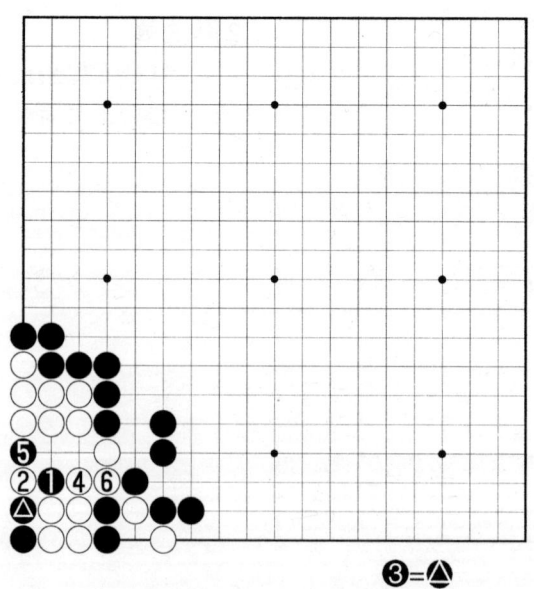

4图 正解

黑1打是好手,白2提时黑3扑,白4打则黑5提,白6抵抗是强手……

❸=▲

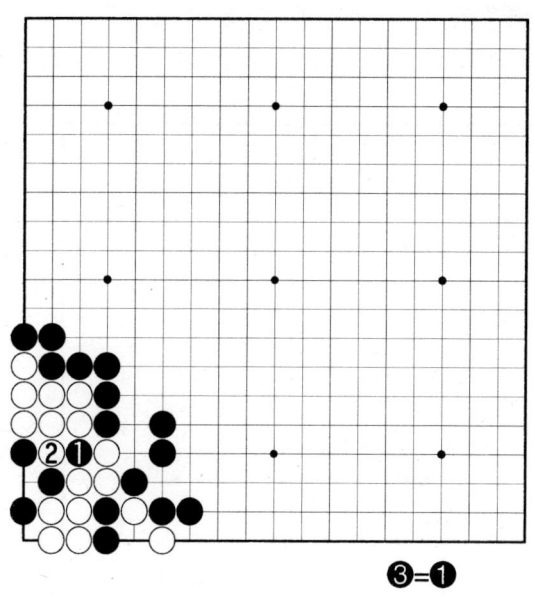

5图 接上图Ⅰ

黑1扑时白2提,但还没结束……

❸=❶

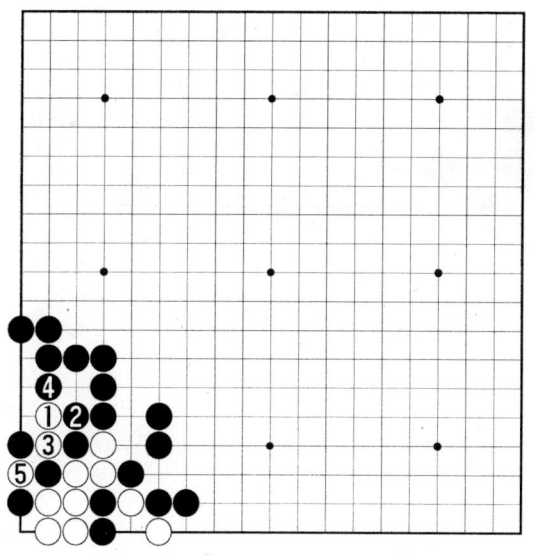

6图 接上图Ⅱ

白1点,黑2粘后4打成劫,是正解。

41. 脱凡入圣（黑先）

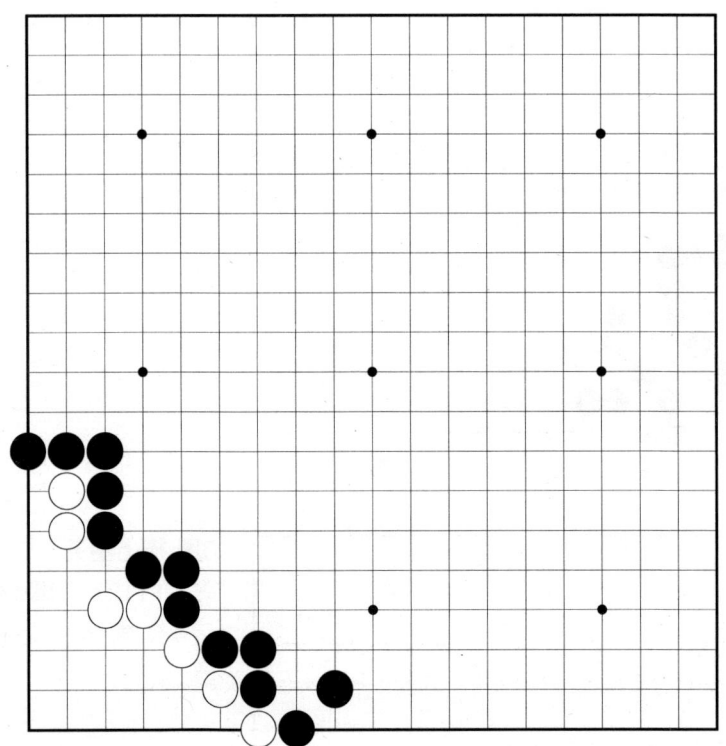

　　放得功名富贵之心下，便可脱凡；放得道德仁义之心下，才可入圣。

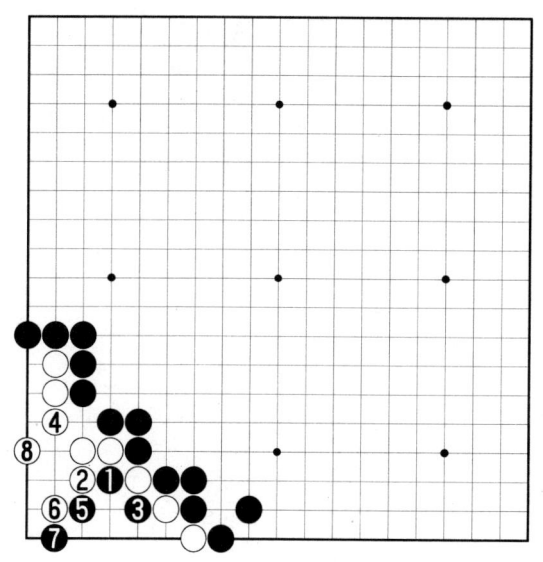

1图 黑的贪心

黑1断,则白2反打,黑3提则白4退应对,白8虎后成活。

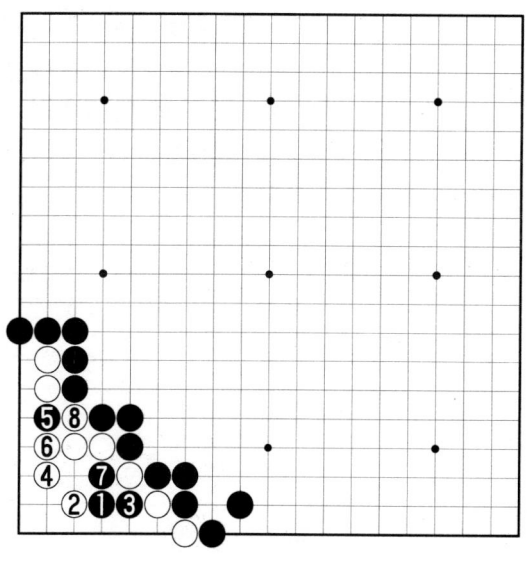

2图 松弛的好手

黑1缩小眼位,则2靠后4倒虎是好手,至白8后成活。

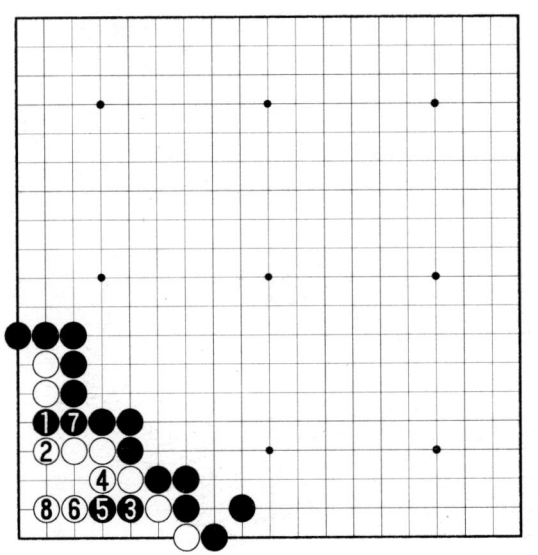

3图 轻松活棋

黑1吃住白两子，白2以下至白8轻松成活。

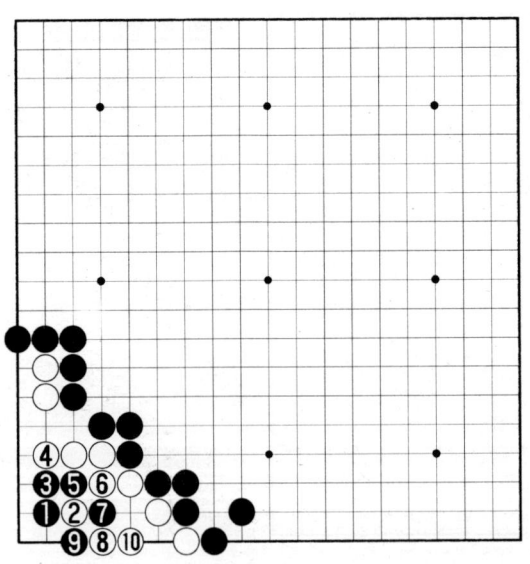

4图 劫则失败

黑1点，白2靠，以下至白10成劫，黑失败。

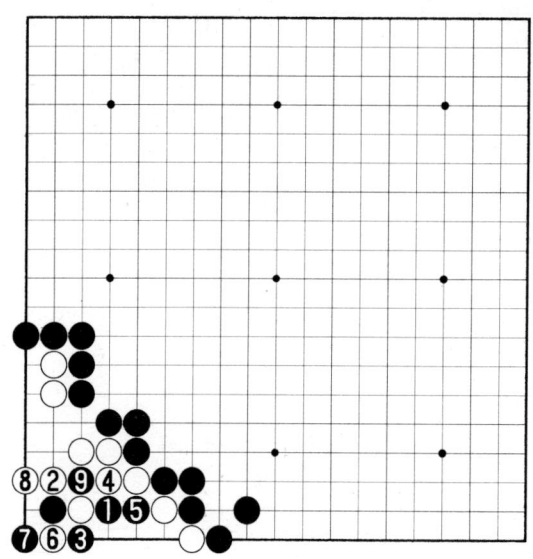

5图 依旧是劫

黑1夹，则白2、4抵抗，至黑9依然成劫。

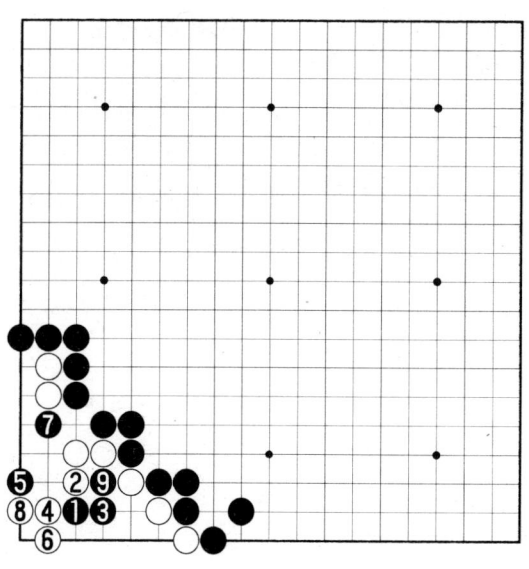

6图 正解

黑1点，急所。白2虽是最强抵抗，但黑3长后5点好手，至黑9白遭净杀。

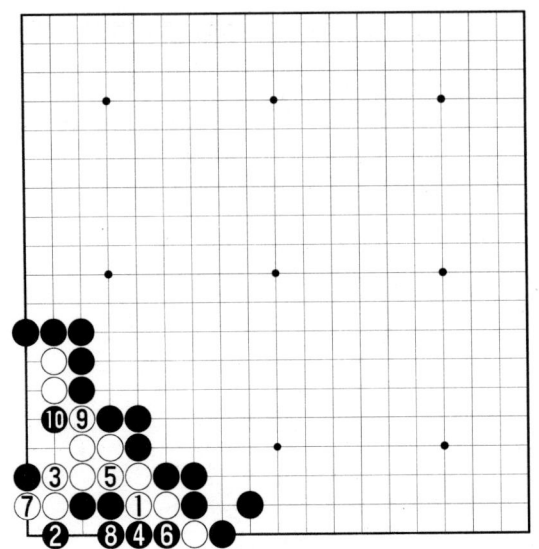

7图 变化

白1粘的话，黑2扳后至黑6渡过，以下至黑10，白仍是净死。

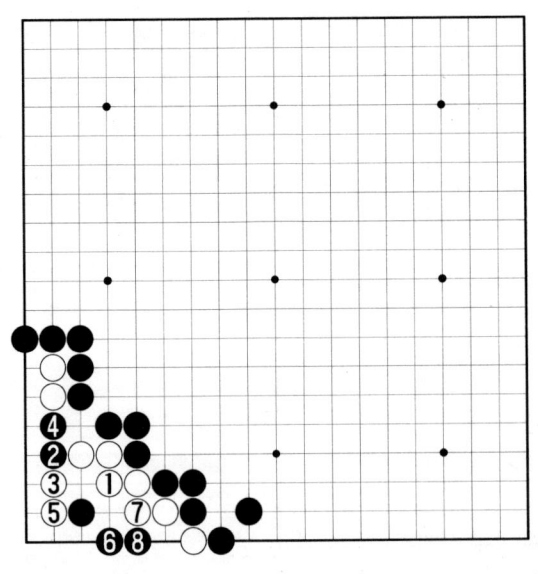

8图 黑2好手

白1粘抵抗时，黑2靠好手，白3、5则黑6、8渡过，白已无活路。

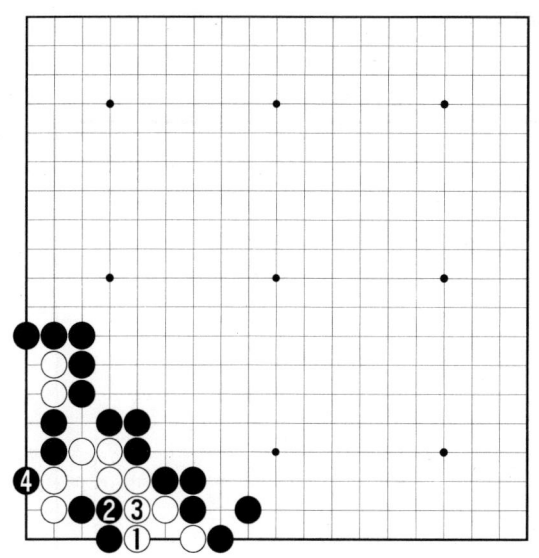

9图 刀把五

白1阻渡,则黑2团后扳即可。

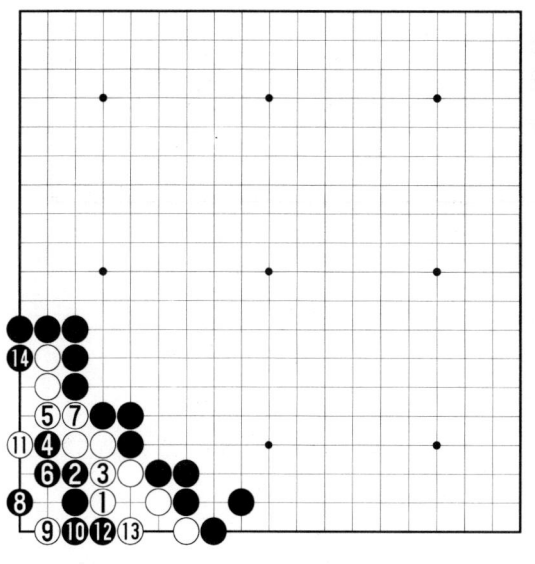

10图 不入气

白1虎,则黑2、4做眼,黑快一气杀白。

42. 功与德（黑先）

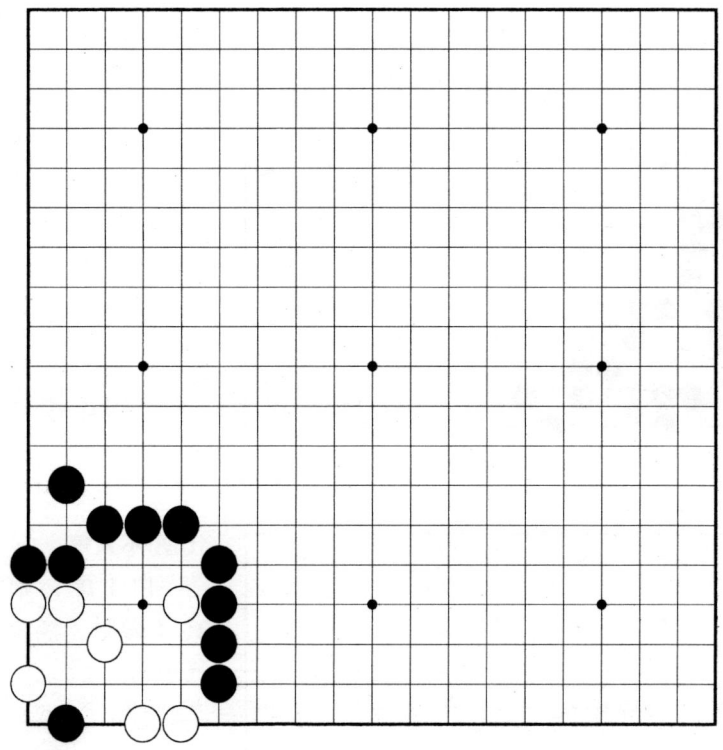

　　处世，不必邀功，无过便是功；与人，不求感德，无怨便是德。

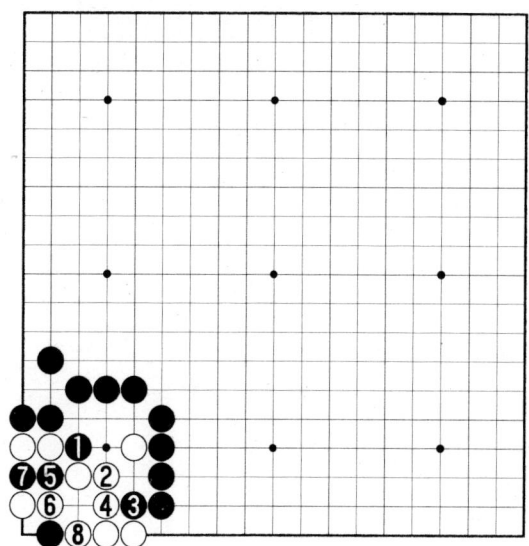

1图 单纯地追攻

黑1挤的话，白2长，黑3破眼则白4粘是弹性十足的一手，黑5、7吃两子，则白8简单成活。

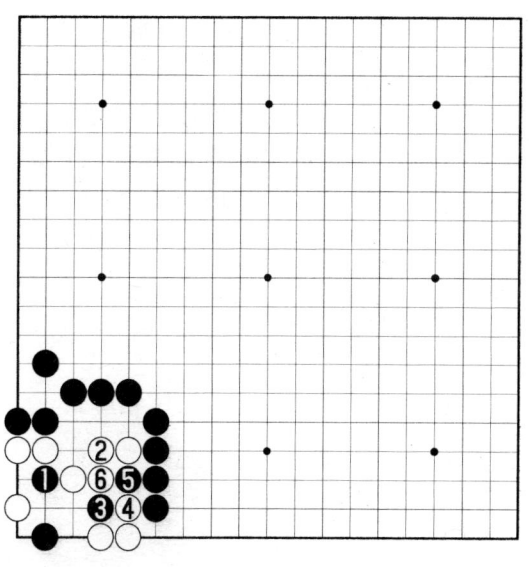

2图 束手无策

换个方向，黑1挤则白2并，黑3靠则白4、6吃住一子，黑束手无策。

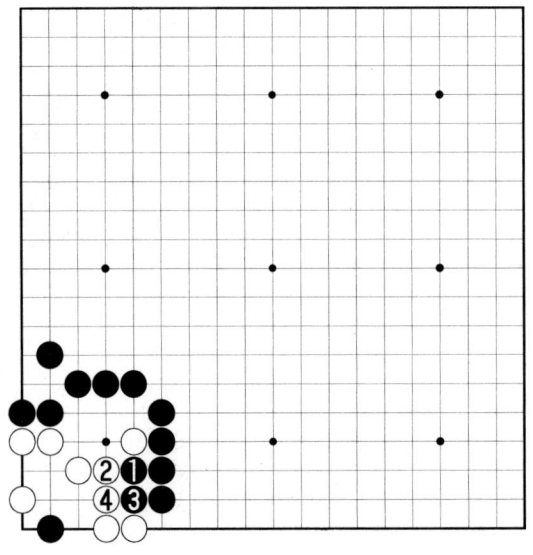

3图 舒服地活

黑1单纯，白2、4简单成活。

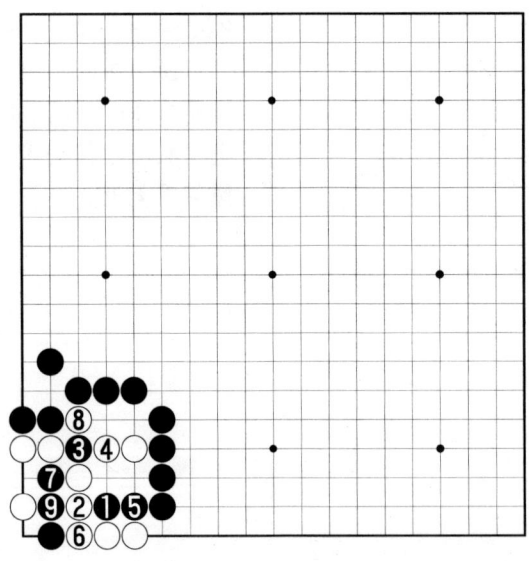

4图 正解

黑1急所，白2挡时黑3挤绝妙，以下至黑9，白无活路。

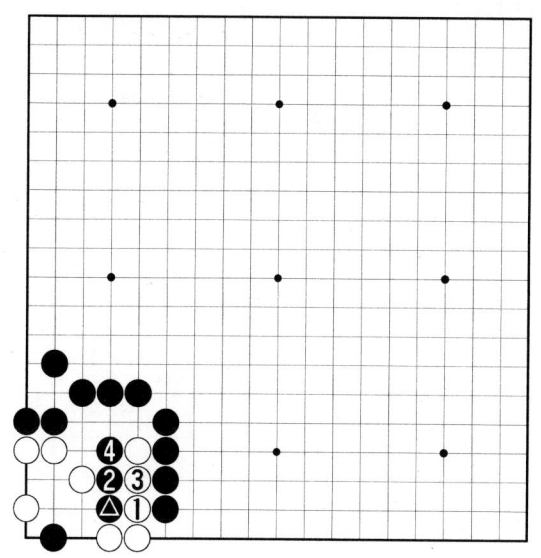

5图 无变化

白1冲出，则黑2、4联络即可。

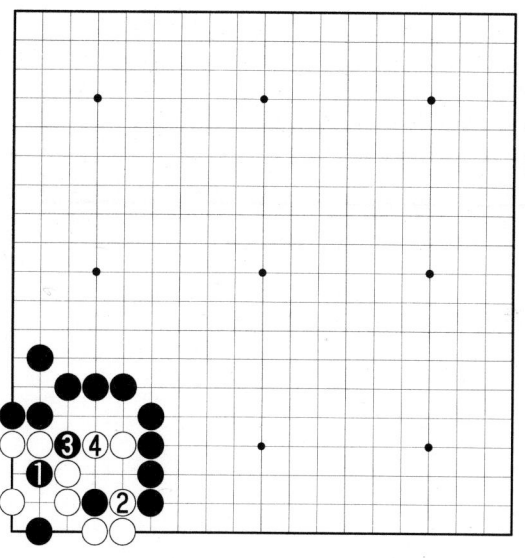

6图 黑的失手

黑1如从这边挤，则白2吃住一子后4打，黑失败。

43. 交友作人（黑先）

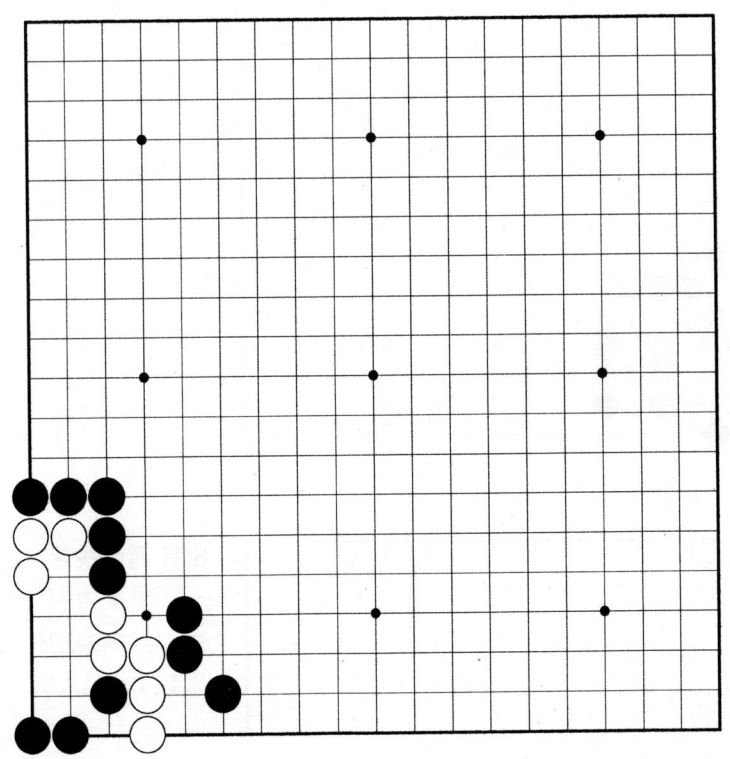

交友，须带三分侠气；作人，要存一点素心。

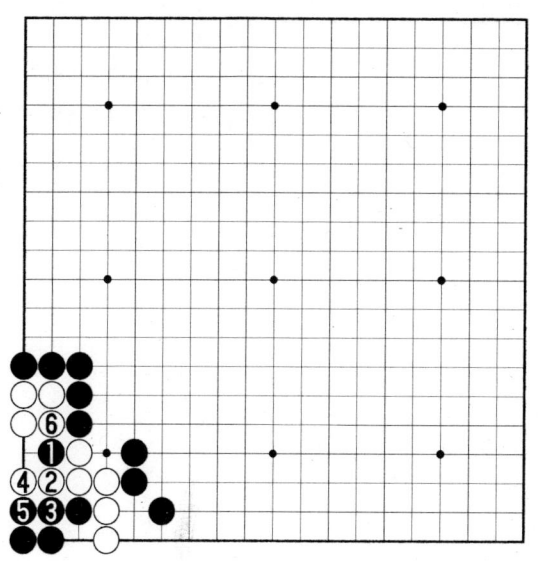

1图 倒脱靴

黑1扳，考虑过浅，至白6形成倒脱靴，黑失败。

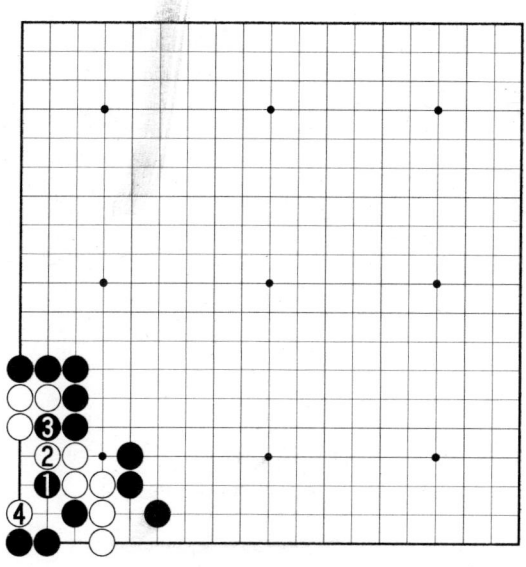

2图 痛烈的靠

改变方向，黑1扳，白2挡后4靠，黑已然失败。

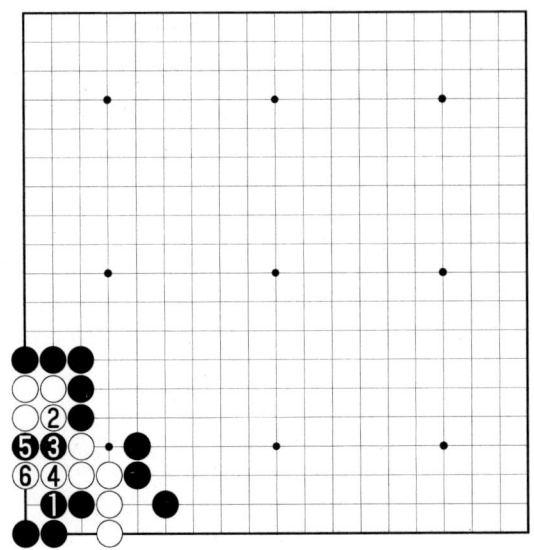

3图 弃子

黑1团,则白2也团,黑3、5吃住四子,则白6挡成活。

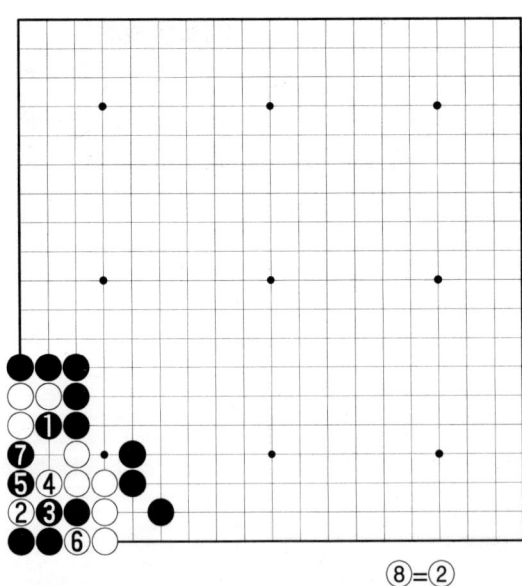

4图 白2强烈

黑1打,急所,但白2靠强烈,至8必然,接着……

⑧=②

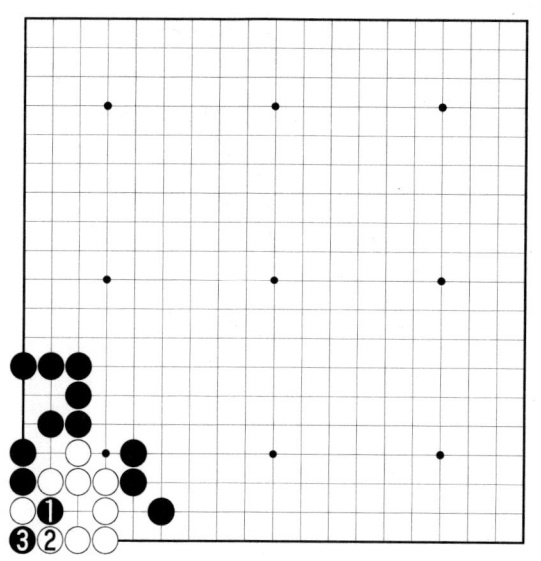

5图 劫则失败

黑1断则白2从下面打吃成劫,黑失败。

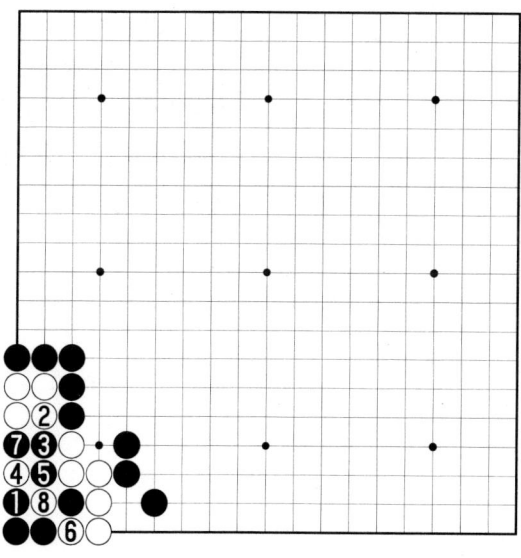

6图 正解

黑1弯三妙手,白2团的话则黑3断,白4靠至8必然,但……

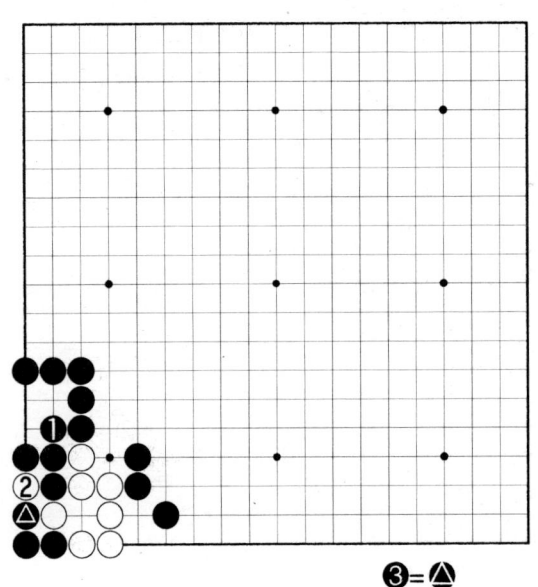

7图 白死

黑1粘，白2提时黑3提即可。

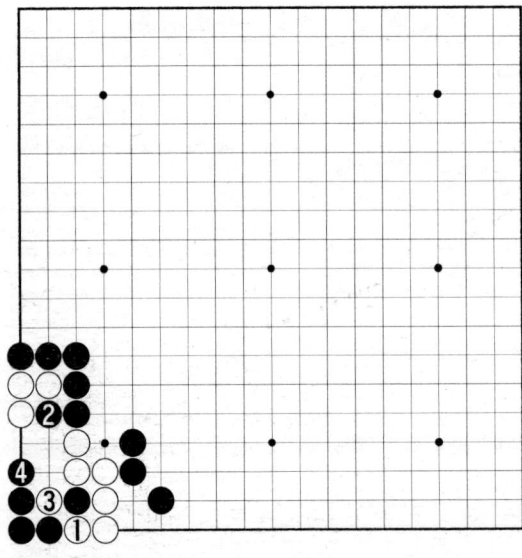

8图 黑联络

白1打则黑2打是漂亮的一手,白3则黑4长便联络了。

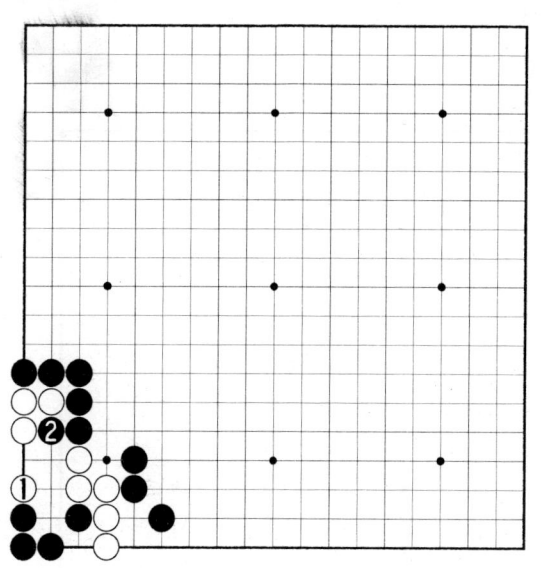

9图 一样

白1靠则黑2打即可,白无下一手。

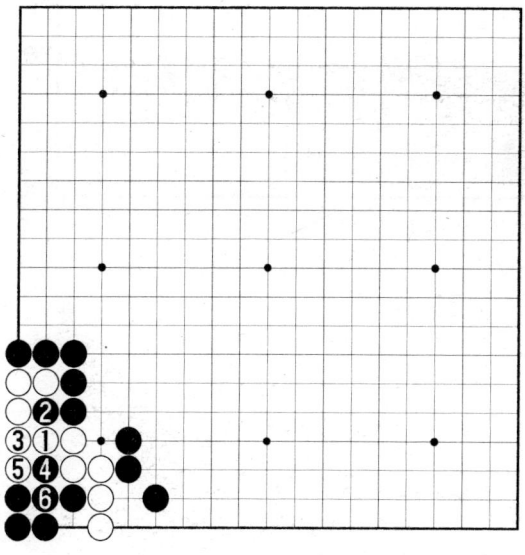

10图 无变化

白1扩大眼位,则黑2以下形成梅花六杀白。

44. 富贵知贫（黑先）

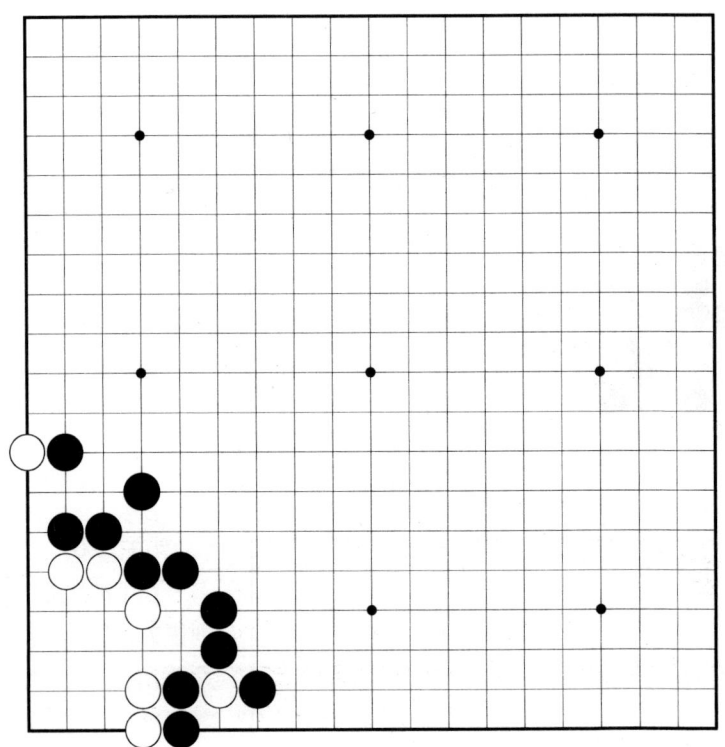

处富贵之地，要知贫贱的痛痒；当少壮之时，须念衰老的辛酸。

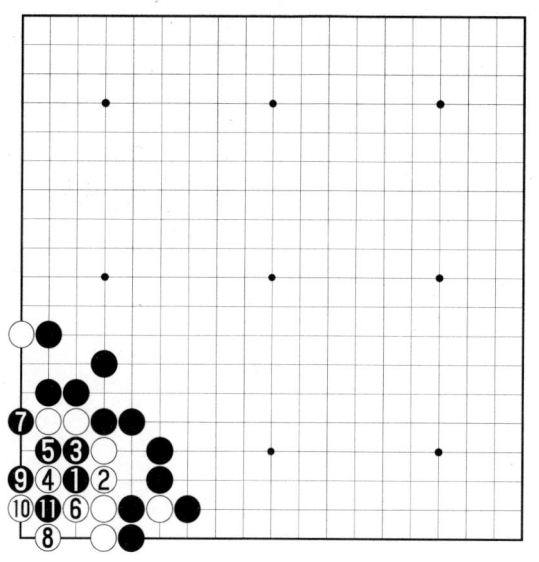

1图 劫则失败

黑1点看似急所，但白2粘后4夹在准备着，至11成劫。

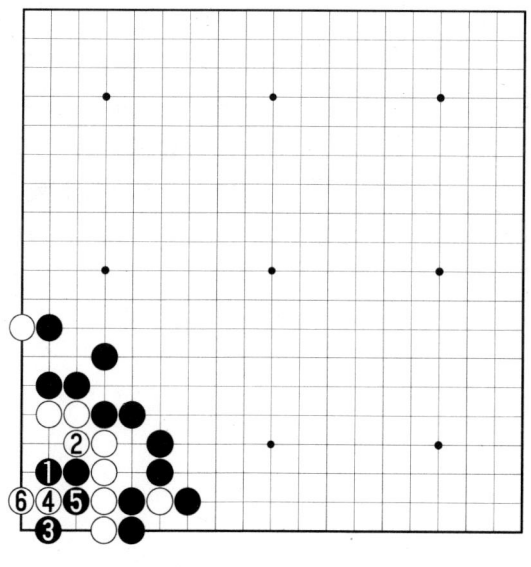

2图 冷静

黑1立追击则白2粘，4挖冷静的一手在准备着，至6白轻松做活。

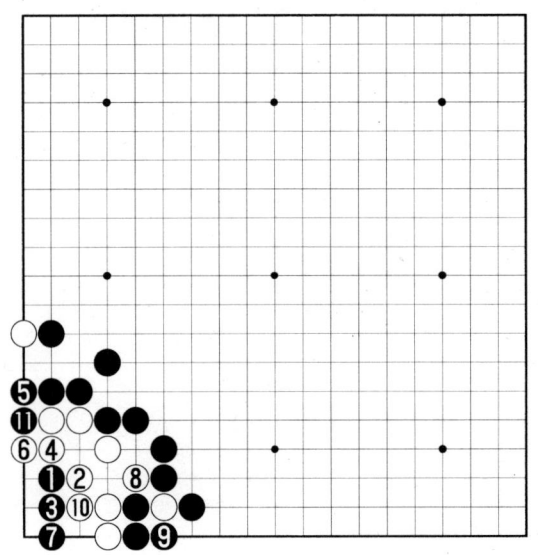

3图 正解

　　黑1点是巧妙的急所，白2虎顶时3长，4顶则黑5立好手，白6阻渡则黑7立，至11净杀白棋。

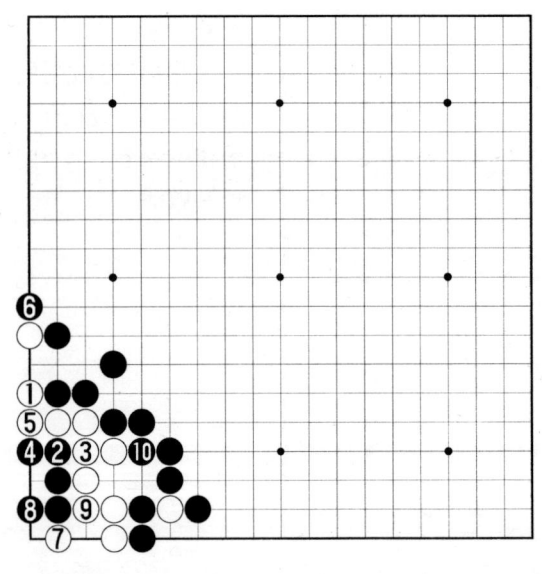

4图 变化

　　白1联络一子则黑2顶后4立、6打是重要的次序，至10白因不入气而死。

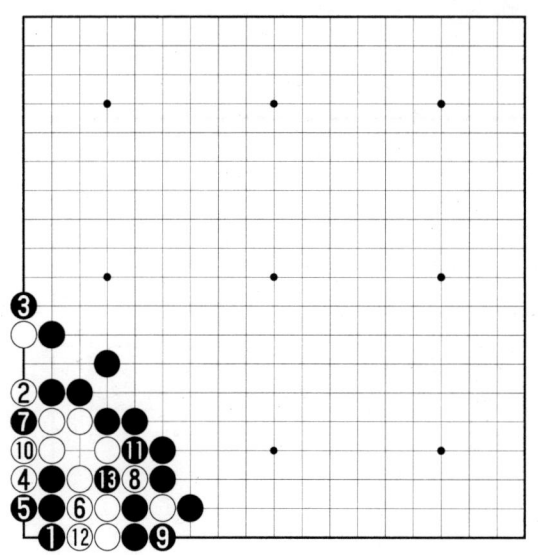

5图 黑的失手Ⅰ

黑1单纯地立则白2渡过后4扳，黑7扑至13成劫失败。

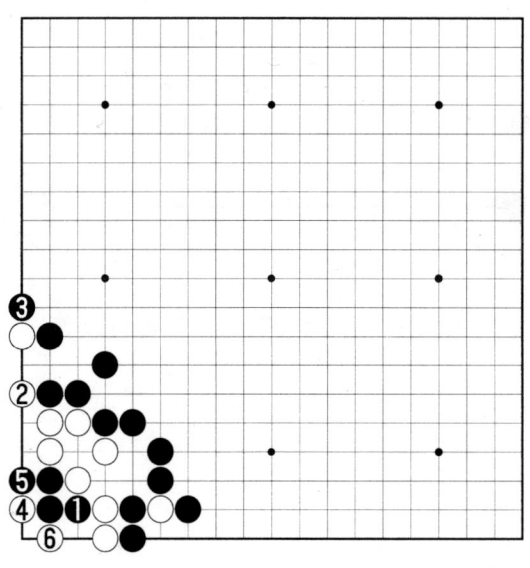

6图 黑的失手Ⅱ

黑1挤是失手，白2先交换后4托好手，至6成劫，黑失败。

45. 养德远害（黑先）

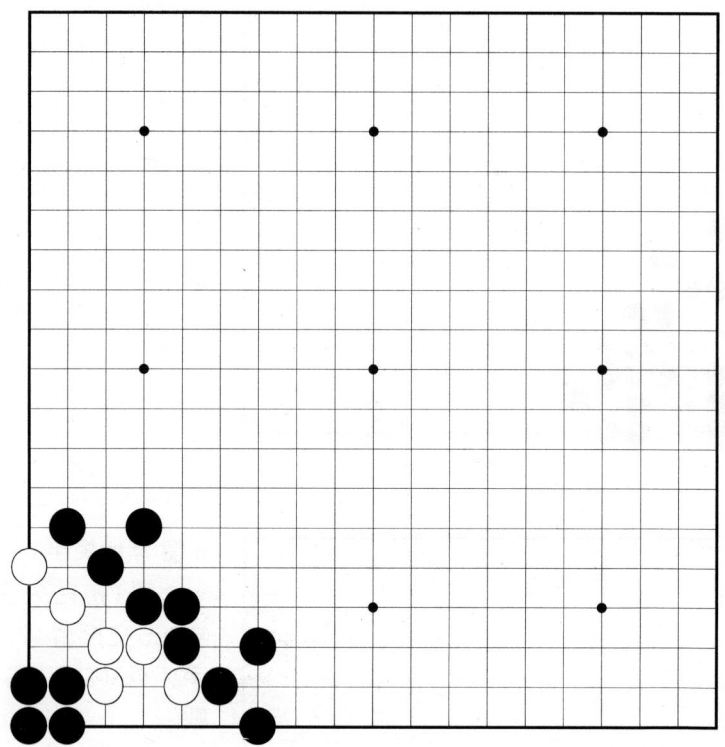

不责人小过，不发人阴私，不念人旧恶，三者可以养德，亦可以远害。

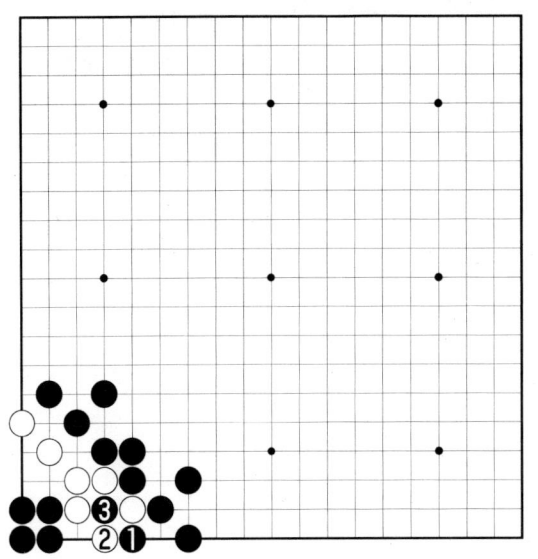

1图 失败

黑1打则白2成劫,黑失败。

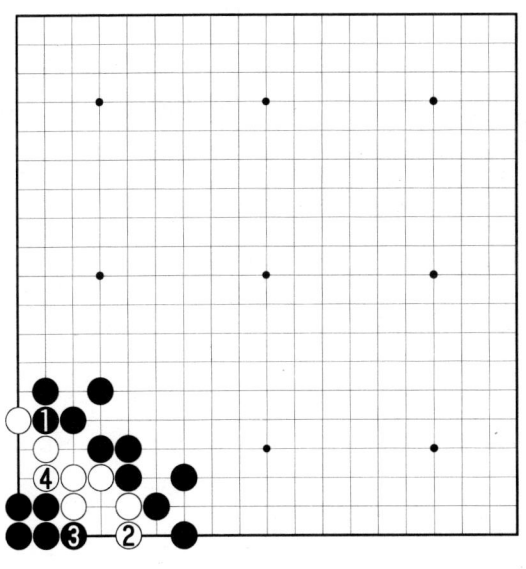

2图 从后紧气

黑1缩小眼位则白2立,黑3爬则白4从后面紧气是好手。

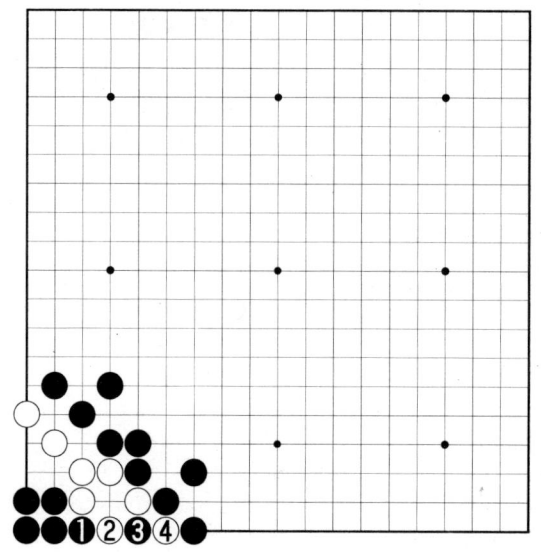

3图 劫

黑1爬欲弃子杀白,但白2挡、4提成劫,黑失败。

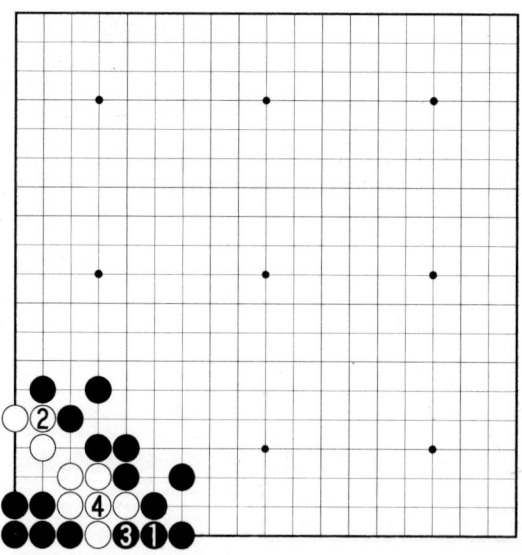

4图 一个意思

黑1如团则白2扩大眼位即可,4粘便成活。

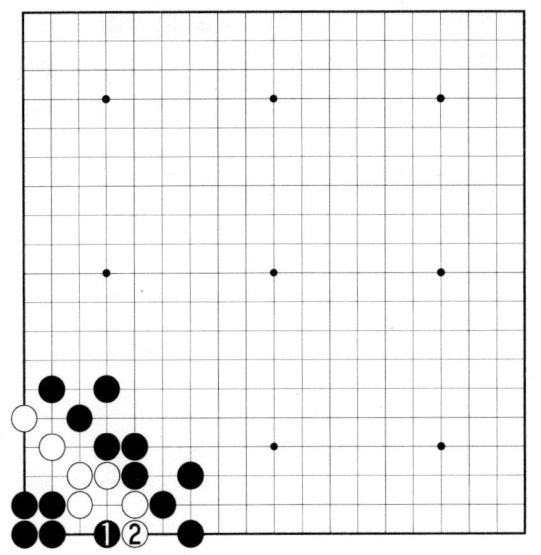

5图 离奇的点

黑1点很荒唐，白2挡即简明成活。

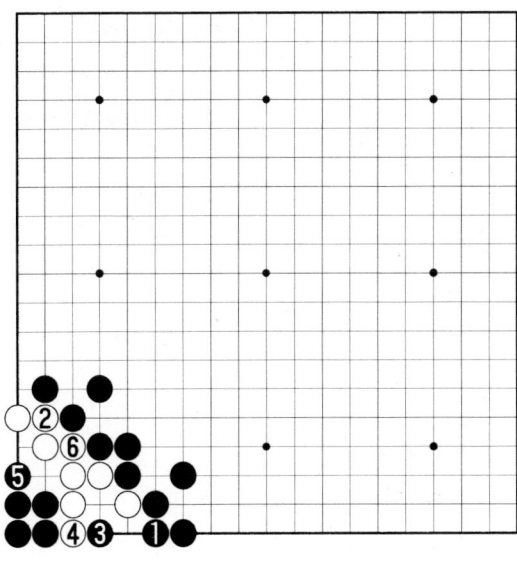

6图 正解

黑1团绝妙，白2扩大眼位，黑则3跳后5做成刀把五，白6再扩大眼位看似双活，但……

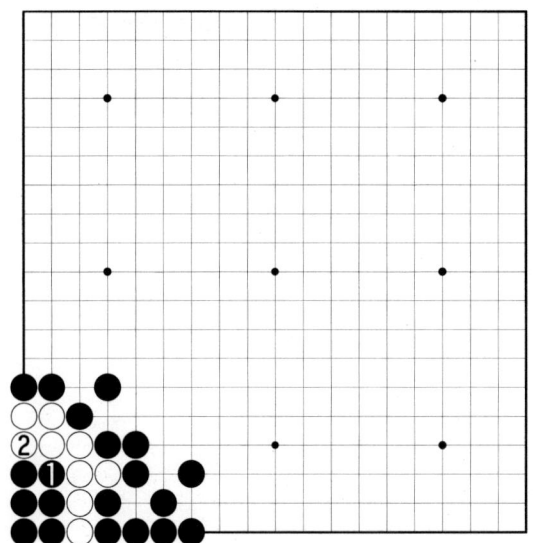

7图 接上图

外气全部紧完后黑1扑弃子是漂亮的一手，白2提后……

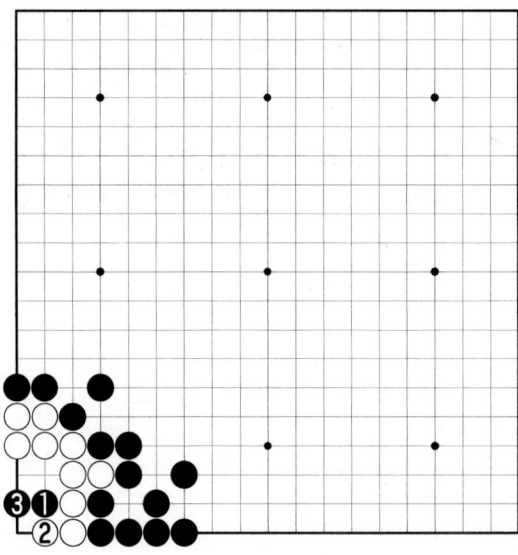

8图 接上图

黑1靠在等待着，白2则黑3即可。

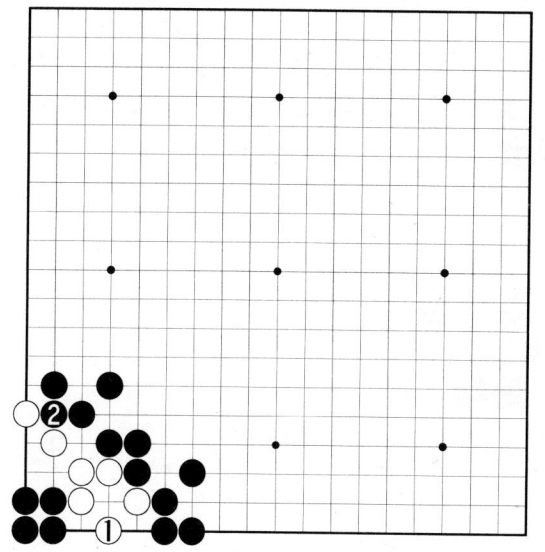

9图 变化

6图黑1团时，白如于1位做眼则黑2挤缩小眼位，白无活路。

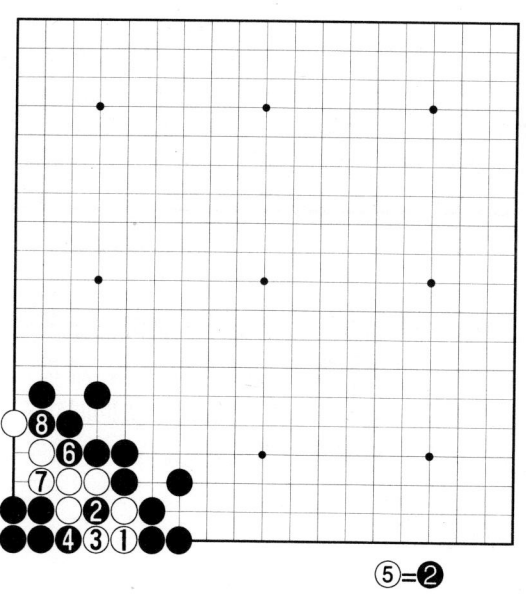

10图 扑

白1扩大眼位则黑2扑的好手在准备着，黑6、8即可杀白。

⑤=❷

特色问题2（黑先）

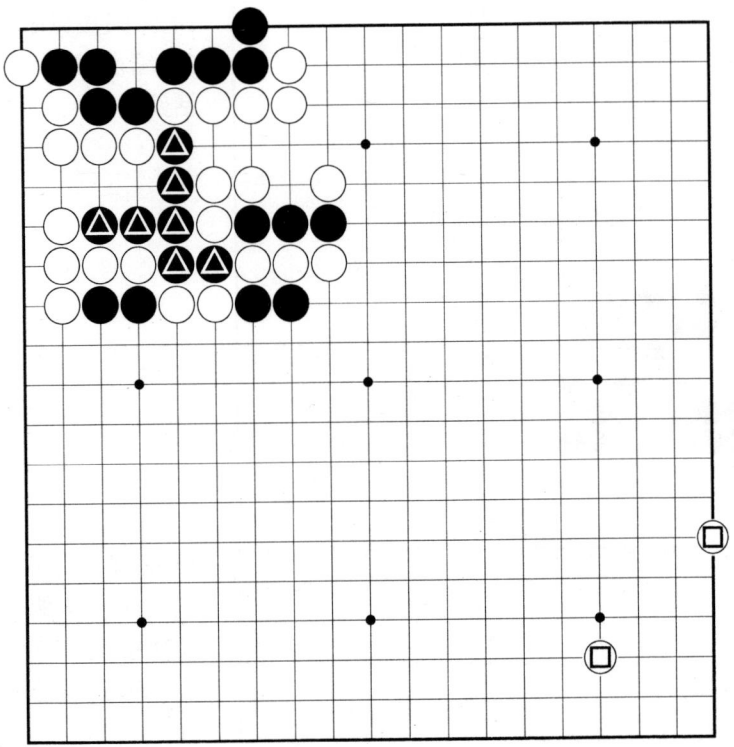

这是高目定式出现的一个形状，这个变化出自两位业余2段棋手之间的对局实战。黑棋七颗子被包围在里面，想要实现突围，必须利用外面白棋的弱点，两边的征子要同时进行，我们会从这道题中更深地感受到围棋的魅力。

1图 失败Ⅰ

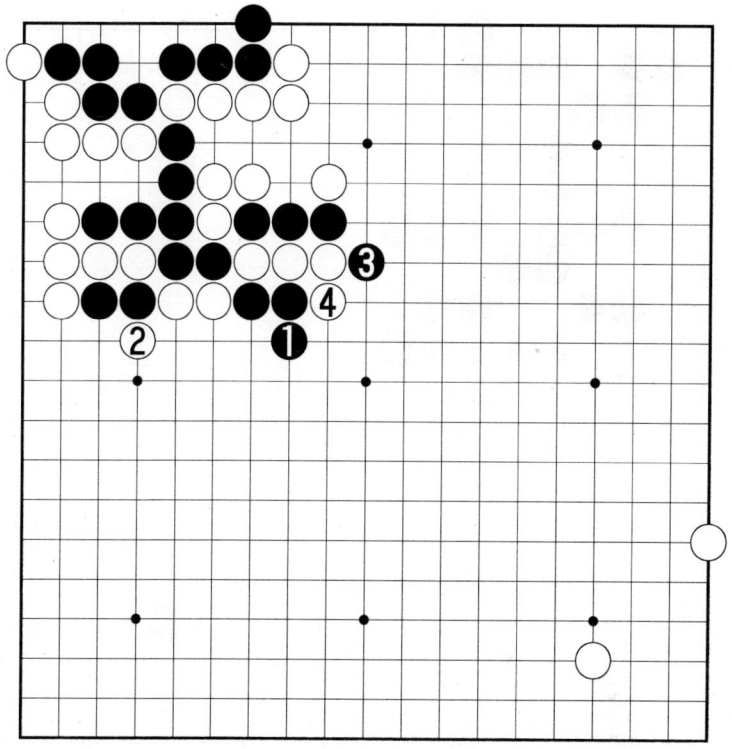

　　黑如走1位,白棋简单2位吃住一子。单靠一边的征子,黑征子不利。

2图 失败Ⅱ

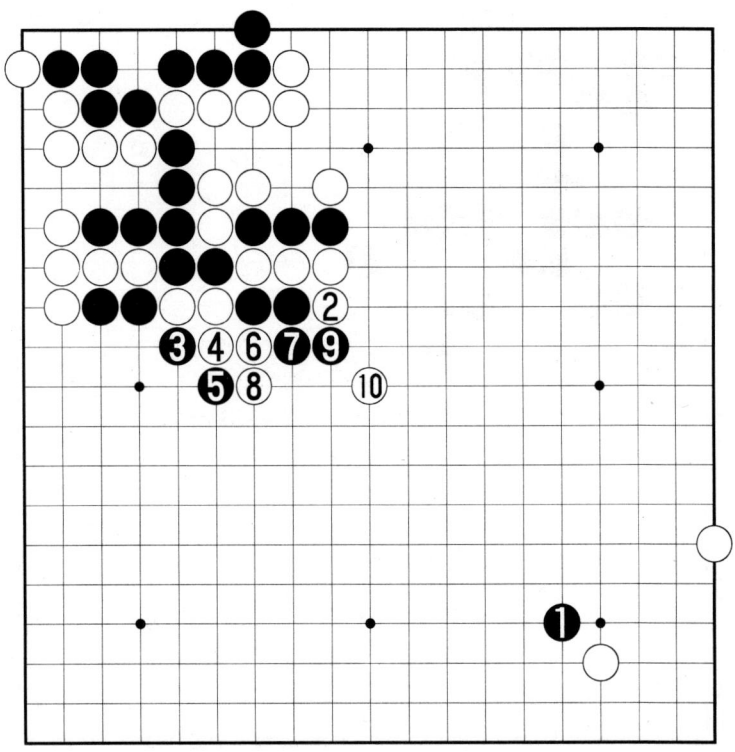

　　黑1到下面去引两边的征子，白10一子解双征的妙手可化解危机，黑失败。

3 图 正解

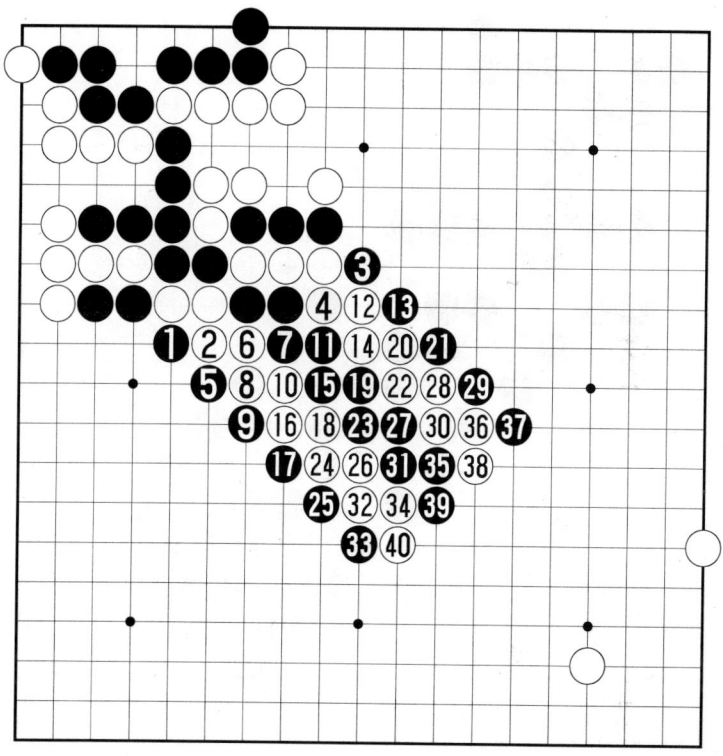

对白棋两边进行不断的进攻，这才是正解的路。

4 图 正解续 I

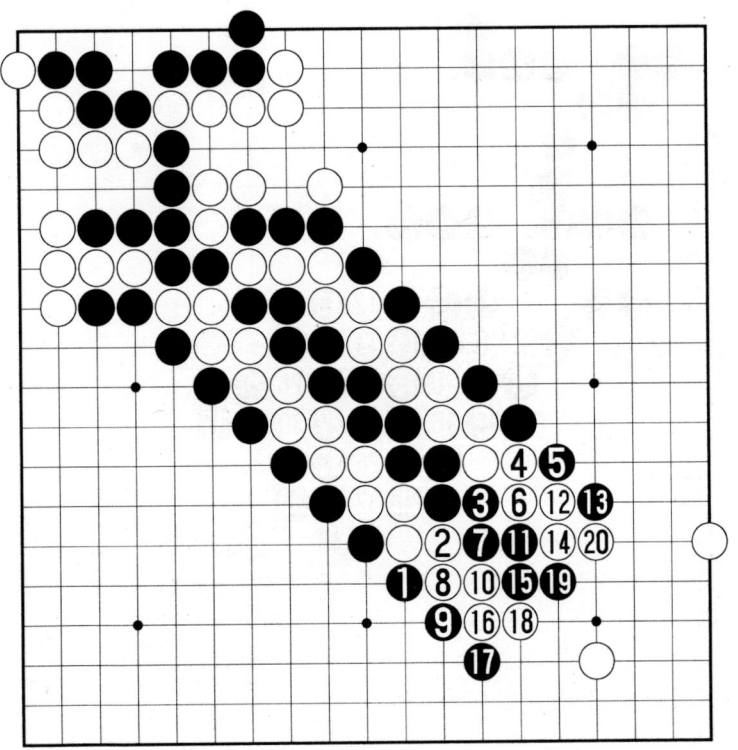

5 图 正解续 Ⅱ

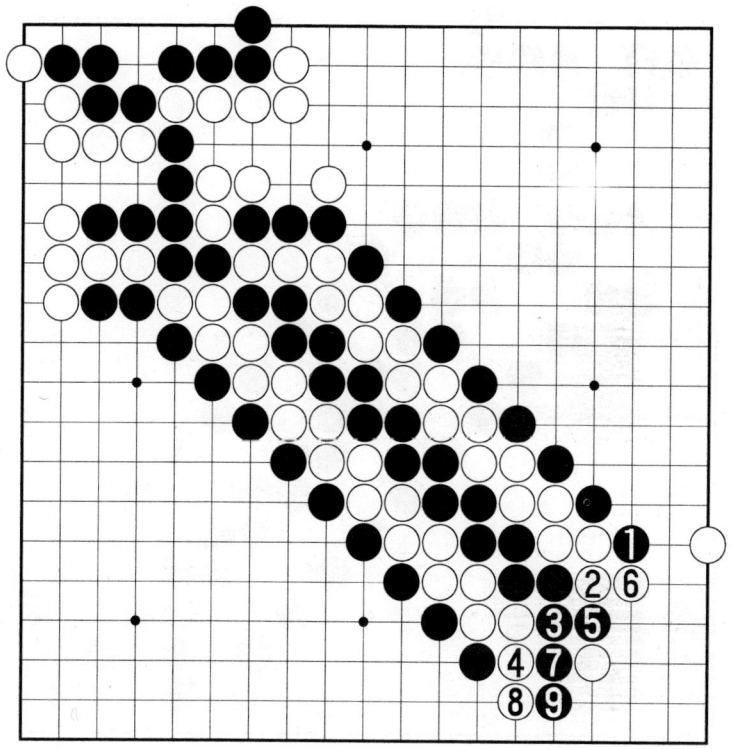

6图 正解续Ⅲ

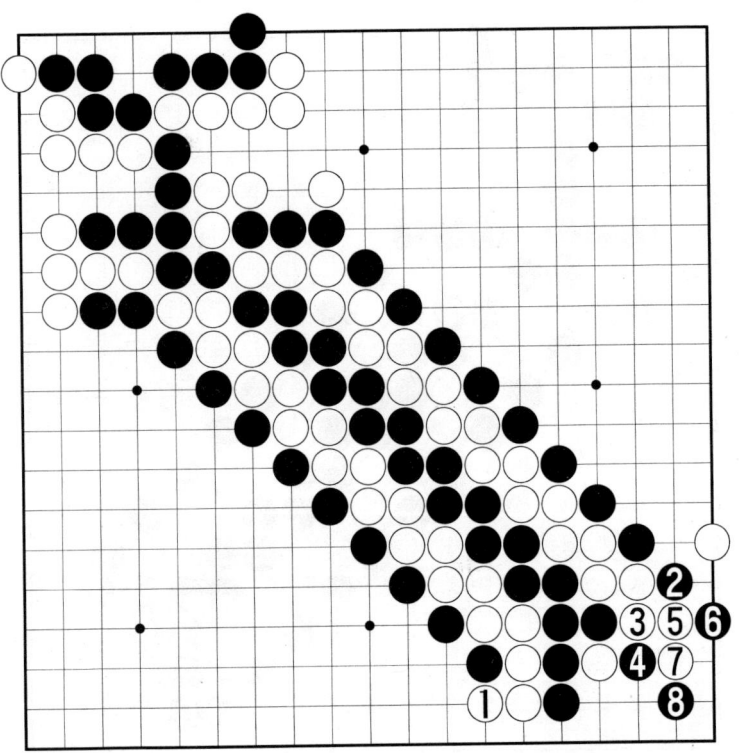